最新テキスト対応

# やさしい
# 色彩検定3級

文部科学省後援　色彩検定

視覚デザイン研究所

# もくじ

## 1 色を分類する
### 数値による色の表示

色の三属性 ♥♥♥ 6
色相 ♥♥♥ 8
明度・彩度 ♥♥♥ 10
純色・清色・中間色 ♥ 12
色立体 ♥♥♥ 14

## PCCS

色相 ♥♥♥ 16
明度・彩度 ♥♥♥ 18
色立体 ♥♥♥ 20
トーン ♥♥♥ 22
トーンの分類 ♥♥♥ 24
トーンのイメージ ♥♥♥ 25
色表示 ♥♥♥ 26

## 2 色の名前
### ことばによる色の表示

ことばによる色名表示 ♥♥♥ 30
慣用色名（JISによる）♥♥♥ 32

## 3 色と光
### 色が見える理由

光の正体 ♥♥♥ 42
色の正体 ♥♥♥ 44
光が起こす現象 ♥ 反射、透過、屈折 ♥ 46
　　　　　　　干渉、回折、散乱 ♥ 48
眼のしくみ ♥ 構造と働き ♥♥♥ 50
　　網膜 ♥♥♥ 52
照明と色の見えかた ♥♥♥ 54

## 4 混色
### 色で色をつくる

混色の種類 ♥♥♥ 58
加法混色 ♥♥♥ 60
減法混色 ♥♥♥ 62

## 5 色の見えかた
### 色の視覚的な効果

色の対比の種類 ♥♥♥ 66
色相対比 ♥♥♥ 67
明度対比 ♥♥♥ 68
彩度対比 ♥♥♥ 69

補色対比 ❤❤❤ 70
縁辺対比 ❤❤❤ 71
色の同化の種類 ❤❤❤ 72
色陰現象 ❤❤❤ 74
色の面積効果 ❤❤❤ 75
色の知覚効果 ❤❤❤ 76
色による遠近効果 ❤❤❤ 81

## 6 色の感じかた
### 色の心理的な効果

進出色と後退色、
膨張色と収縮色 ❤❤❤ 84
暖色と寒色、軽い色と重い色、
柔らかい色と硬い色 ❤ 85
興奮色と鎮静色、
派手な色と地味な色 ❤ 86
色の連想、色の象徴性 ❤ 86

## 7 色彩と構成
### 色と色の調和

色相で考える配色 ❤ 90
同一色相配色 ❤❤❤ 92
隣接色相配色 ❤❤❤ 93
類似色相配色 ❤❤❤ 94
中差色相配色 ❤❤❤ 95
対照色相配色 ❤❤❤ 96

補色色相配色 ❤❤❤ 97
トーンで考える配色 ❤ 98
同一トーン配色 ❤❤❤ 99
類似トーン配色 ❤❤❤ 100
対照トーン配色 ❤❤❤ 101
アクセントカラー ❤❤❤ 102
セパレーション ❤❤❤ 104
グラデーション ❤❤❤ 105
図と地 ❤❤❤ 106
バランス・アンバランス ❤ 107
リズム ❤❤❤ 108
コントラスト ❤❤❤ 109
プロポーション ❤❤❤ 110

## 8 色彩と生活
### 色の有効な使いかた

ファッション
アイテム・分類 ❤❤❤ 114
ファッション
カラーコーディネート ❤❤❤ 116
インテリア
カラーコーディネート ❤❤❤ 118
生活環境を豊かにする色彩 ❤❤ 120
色のはたらき ❤❤❤ 122

索引 ❤ 123　色彩検定とは ❤ 127

# 1 色を分類する
## 数値による色の表示

# 1 色を分類する
## 色の三属性

- 赤、黄、青、ピンクなど色みのある色を**有彩色**、白、黒、グレイのように色みのない色を**無彩色**という。
- 色には、**色相**、**明度**、**彩度**の3つの要素があり、これを**色の三属性**という。しかし、無彩色には明度しかない。
- 赤、黄、青、紫といった色みの違いを**色相**といい、明るい赤、暗い赤など色の明るさの度合いを**明度**、鮮やかな赤、くすんだ赤といった色みの強さ、鮮やかさの度合いを**彩度**という。

**有彩色** とは、赤、黄、青といった色みのある色です。

**無彩色** とは、白、黒、グレイ(灰色)のように色みがない色です。

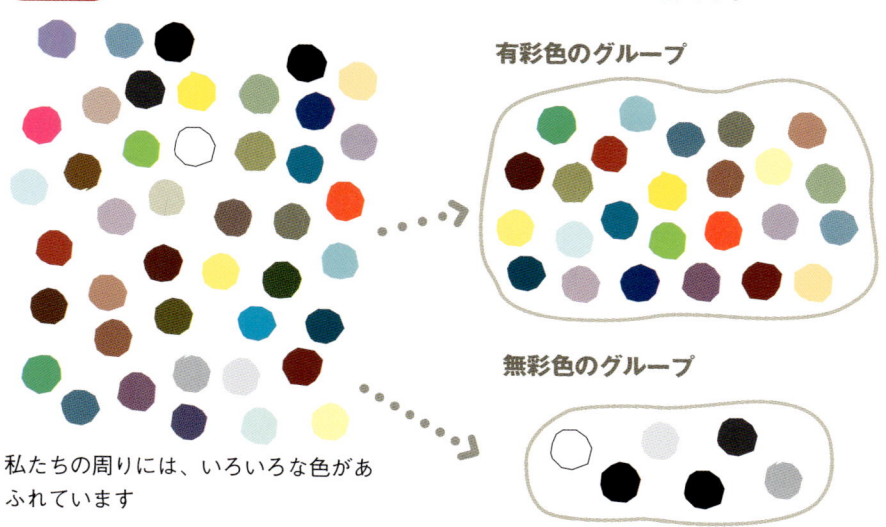

有彩色のグループ

無彩色のグループ

私たちの周りには、いろいろな色があふれています

**色の三属性** とは**色相**、**明度**、**彩度**の3つの要素のことです。
**有彩色**には色相、明度、彩度の**色の三属性**がありますが、色みのない**無彩色**にあるのは明度だけです。

- すべての色は色みのある A□ と色みのない B□ の2つに大きく分けることが出来る。A□ には、C□、D□、E□ の3つの要素があり、この3要素を F□ という。
- 赤、黄といった色みの違いを C□ といい、明るい赤、暗い赤など色の明るさの度合いを D□、鮮やかな赤、くすんだ赤といった、色みの強さの度合いを E□ という。B□ には D□ しかない。

こたえ A 有彩色　B 無彩色　C 色相　D 明度　E 彩度　F 色の三属性

**色相** とは、赤、黄、青といった色みのことです。
**有彩色を色相で分類する**

赤の色相のグループ　　黄の色相のグループ　　青の色相のグループ

**明度** とは、色の明るさのことです。明るい色は明度が高い、暗い色は明度が低いといいます。最も明度の高い色が白、最も低い色が黒です。

**有彩色を明度で分類する**　　**無彩色を明度で分類する**

明るい色で分ける

暗い色で分ける

**彩度** とは、色みの強さ、色の鮮やかさの度合いのことです。色みの強い色を彩度が高い、色みの弱い色を彩度が低いといいます。

**有彩色を彩度で分類する**

彩度の低い色のグループ　　彩度が中くらいのグループ　　彩度の高い色のグループ

# 1 色相
色を分類する

- 赤、黄、青といった**色あい**、**色みの性質**のことを**色相**という。
- **色相環**とは、色相の違いを連続的に環状で表したもの。
- **色相環**は、**PCCS**（P.16）では**24色相**で表す。

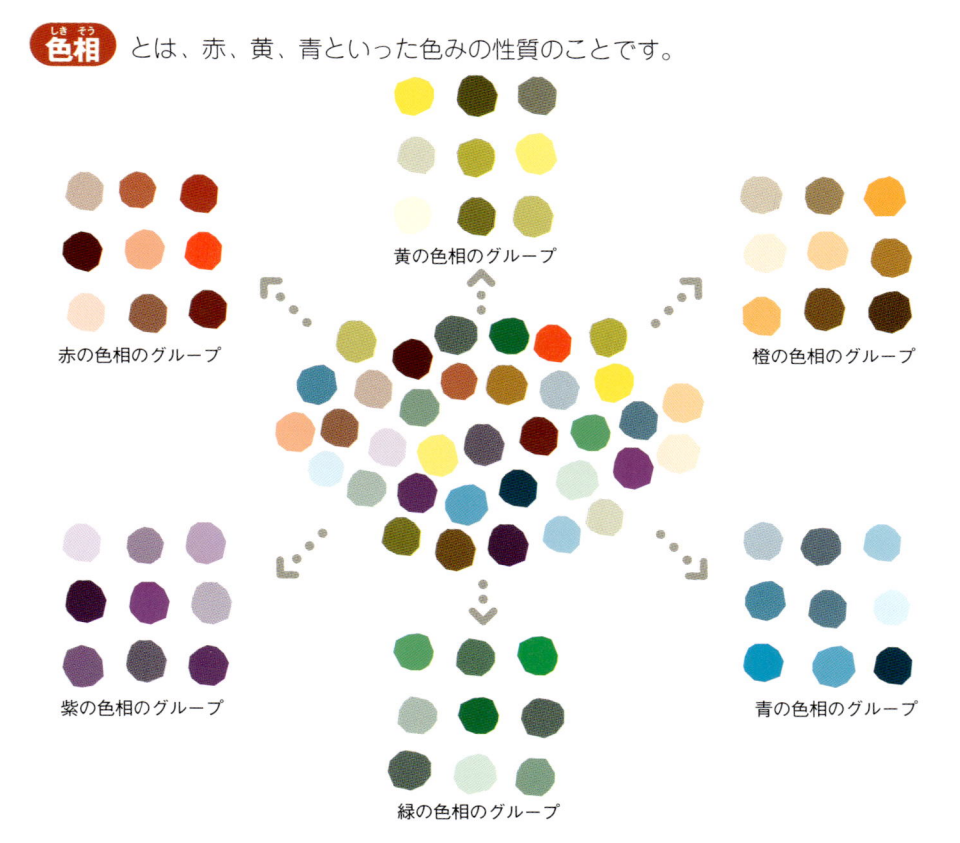

**色相**とは、赤、黄、青といった色みの性質のことです。

黄の色相のグループ

赤の色相のグループ

橙の色相のグループ

紫の色相のグループ

青の色相のグループ

緑の色相のグループ

8

> 覚えたかどうか
> やってみよう

🐭 赤、黄、青といった色みの性質を A といい、 A が連続的に環状に並んだものを B という。 B は、PCCSでは C 色相に分割されている。

🐭 色相の違うものを1つ選びなさい。

① ② ③ ④

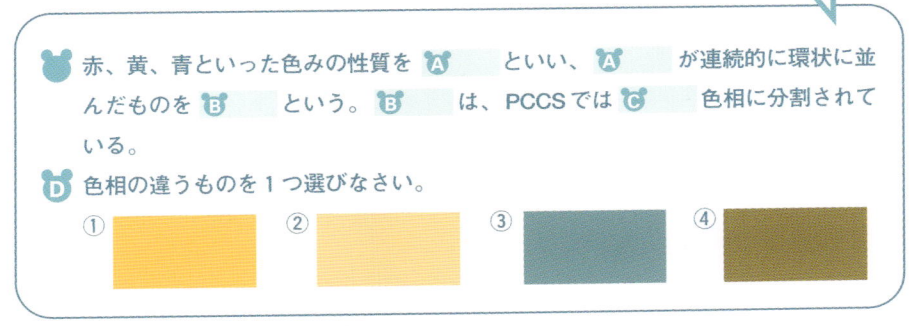

こたえ A 色相 B 色相環 C 24 D ③

## 色相環(しきそうかん)

**色相**が波長順(**赤、橙、黄、緑、青、藍、青紫**)に並んだスペクトル(P.45)に、紫と赤紫を加えて赤、橙、黄、緑、青、藍、青紫、紫、赤紫とし、スペクトルの両端を丸くつなげると**色相環**になります。

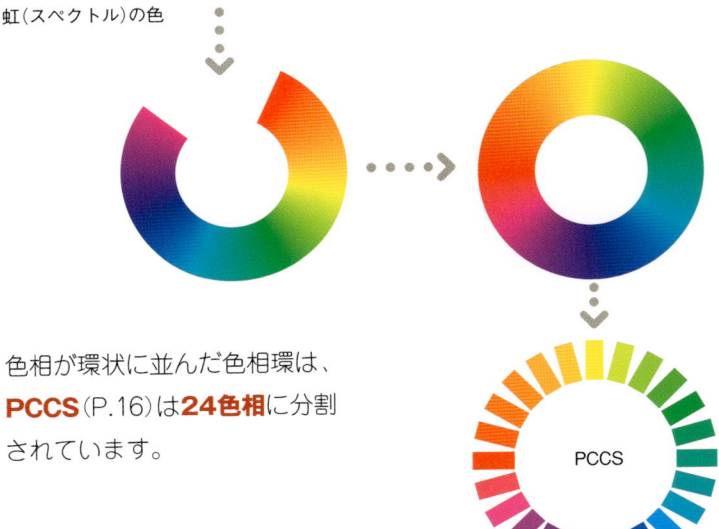

虹(スペクトル)の色

色相が環状に並んだ色相環は、**PCCS**(P.16)は**24色相**に分割されています。

PCCS

9

# 1 明度・彩度

色を分類する

- 明るい色、暗い色といった色の明るさの度合いのことを**明度**という。明るい色は明度が高い、暗い色は明度が低いという。最も明度の高い色は白、最も明度の低い色は黒。
- 色みの強弱（鮮やかさ）の度合いのことを**彩度**という。色みの強い（鮮やかな）色を彩度が高い、色みの弱い（くすんだ）色を彩度が低いという。

**明度** とは、色の明るさの度合いのことです。

すべての色には明るさの違いがあり、明るい色は明度が高い、暗い色は明度が低いといいます。最も明度の高い色は白、最も明度の低い色は黒です。明度を表す物差しに**明度スケール（グレイスケール）**があります。最も明度の高い理想的な白を上に、最も明度の低い理想的な黒を下に置き、その間にグレイ（灰色）を段階的に並べたものです。

高明度色

中明度色

低明度色

明度が高い ↑

↓ 明度が低い

## 覚えたかどうかやってみよう

- 色の明るさの度合いのことを **A**　　、色みの強弱の度合いのことを **B**　　という。
- 最も **A**　　の高い色は **C**　　、最も **A**　　の低い色は **D**　　。
- **B**　　は純色に **E**　　を加える量で変わる。
- 明るい青と暗い青の違いは主として **F**　　である。

**G** 明度が違うものをひとつ選びなさい。 ① ② ③ ④

**H** 彩度が違うものをひとつ選びなさい。 ① ② ③ ④

こたえ **A** 明度 **B** 彩度 **C** 白 **D** 黒 **E** 無彩色 **F** 明度 **G** ② **H** ④

---

**彩度（さいど）** とは、色みの強さ、鮮やかさの度合いのことです。
色みの強い色を彩度が高い、色みの弱い色を彩度が低いといいます。

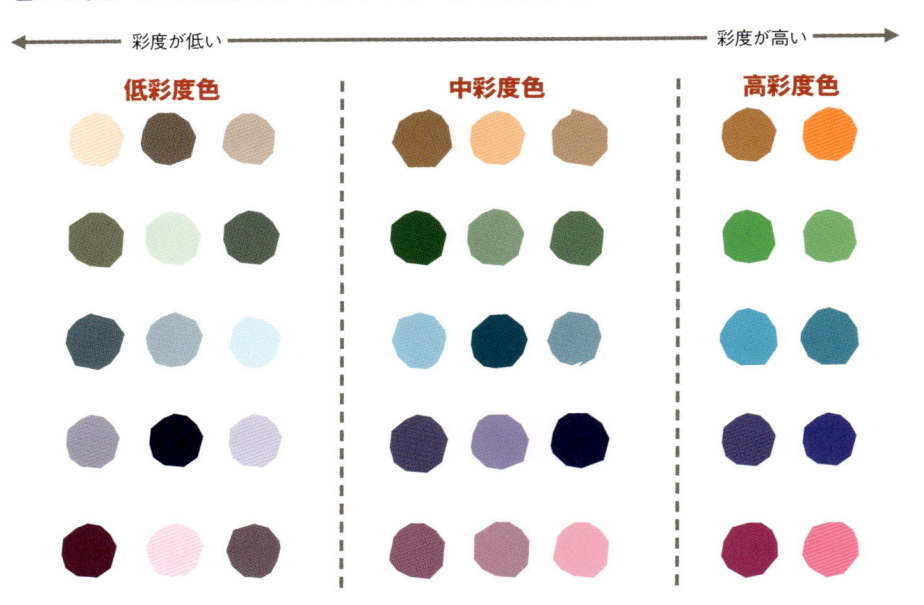

← 彩度が低い　　　　　　　　　　　　　　　　　　　彩度が高い →

**低彩度色**　　　　　**中彩度色**　　　　　**高彩度色**

**純色**（P.12）に無彩色の白、黒、グレイを加えていけばいくほど彩度は低くなります。彩度は純色に無彩色を加える量で変わるのです。そして、無彩色を加えるたびに色数は増えていきます。こうして増える色は同じ色相の色（同系色）です。

# 1 色を分類する
## 純色・清色・中間色

- 各色相の中で最も彩度の高い色を**純色**という。彩度は純色に無彩色を加えるほど低くなる。純色に無彩色を加えることで色は増えていく。
- 純色に白を加えた色を**明清色**、黒を加えた色を**暗清色**、グレイを加えた色を**中間色**という。また明清色と暗清色の両方を**清色**という。
- 純色に白を加えると彩度は低くなるが、明度は高くなる。純色に黒を加えると彩度も明度も低くなる。
- 純色にグレイを加えた中間色は濁った感じの色なので**濁色**とも呼ばれる。

**純色**とは、各色相の中で最も彩度が高い色です。純色は白、黒、グレイを含んでいない純粋に色みだけの色です。純色に白や黒やグレイを混ぜていくと彩度は低くなります。

**明清色**とは、純色に白を加えた明るく澄んだ色です。白を加えるので、もとの純色より彩度は低くなりますが、明度は高くなります。

赤の純色に白を加えると

**暗清色**とは、純色に黒を加えた暗く澄んだ色です。黒を加えるので、もとの純色より彩度も明度も低くなります。**明清色**と**暗清色**を一括して、**清色**といいます。

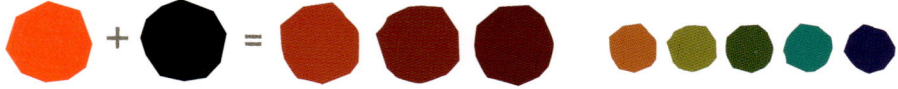

赤の純色に黒を加えると

**中間色**とは、純色にグレイを加えた色です。グレイがかった、濁った感じの色になるので**濁色**とも呼ばれます。

赤の純色にグレイを加えると

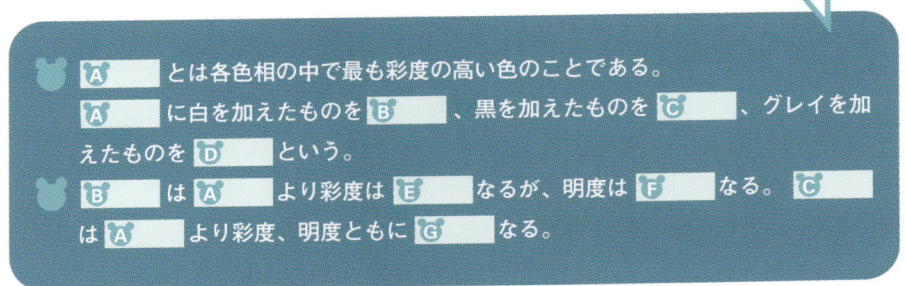

> 覚えたかどうか やってみよう
>
> 🐭 　A　 とは各色相の中で最も彩度の高い色のことである。
> 　A　 に白を加えたものを　B　 、黒を加えたものを　C　 、グレイを加えたものを　D　 という。
> 🐭 　B　 は　A　 より彩度は　E　 なるが、明度は　F　 なる。　C　 は　A　 より彩度、明度ともに　G　 なる。

こたえ　A 純色　B 明清色　C 暗清色　D 中間色　E 低く　F 高く　G 低く

ある純色に、白や黒やグレイを加えるとその色の仲間（同系色）が無数に出来ます。これらの同系色を明度（縦軸）と彩度（横軸）の中にあてはめると下図が出来上がります。この図が色相環の順に集まると、球形の色立体（P.14）が出来ます。

そして、色立体の中心軸になるグレイスケールを、無彩色軸といいます。

明度スケール
＝
グレイスケール
＝
無彩色軸

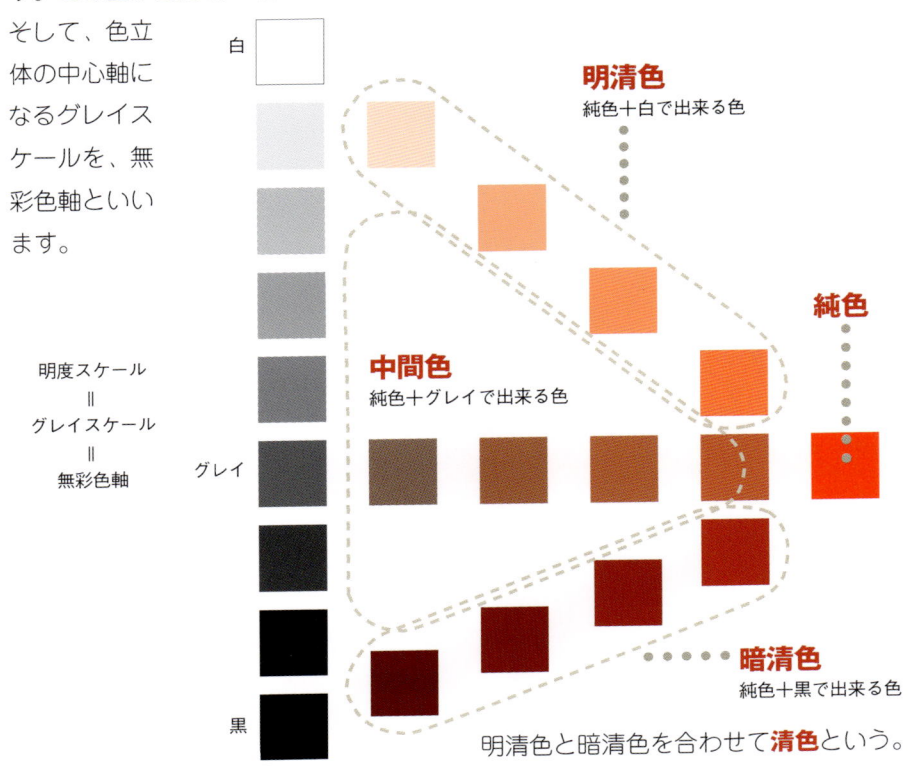

白

グレイ

黒

**明清色**
純色＋白で出来る色

**純色**

**中間色**
純色＋グレイで出来る色

**暗清色**
純色＋黒で出来る色

明清色と暗清色を合わせて**清色**という。

## 1 色を分類する
### 色立体

- 色相、明度、彩度の色の三属性を立体的に表した球体を**色立体**という。
- 色立体の縦軸は**明度**、中心の縦軸は無彩色軸、横軸には**彩度**、外周には**色相**、それも色相の中で一番彩度が高い**純色**がくる。無彩色の軸から離れるほど彩度は高くなり、純色は無彩色の軸から一番離れた位置にくる。
- 色立体を無彩色の軸を含む面で垂直に切ると**等色相面**という色相の面、水平に切ると同じ明度の面が並ぶ**等明度面**になる。

**色立体**とは、色の三属性の関係を立体的に表したものです。縦軸が明度、横軸が彩度、外周が色相になります。中心にある縦の明度の軸を無彩色軸といい、一番上に白、一番下に黒をおきます。外周の一番膨らんだ所は純色になりますが、その明度は色相によって違うので、色立体は歪んだ球体になります。

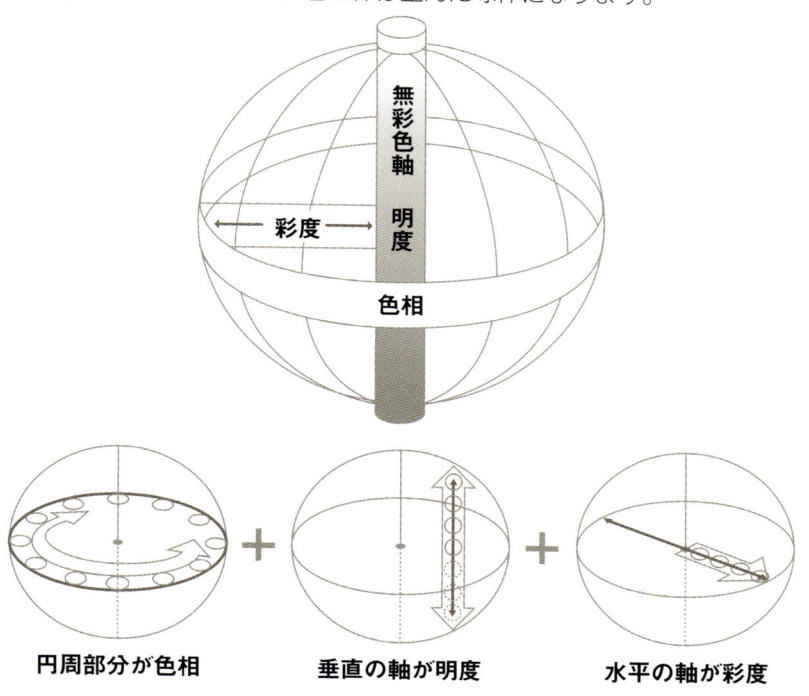

円周部分が色相 ＋ 垂直の軸が明度 ＋ 水平の軸が彩度

> 🐭 **覚えたかどうかやってみよう**
>
> 🐭 色の三属性を三次元で表したものを **A** という。その中心の縦軸には無彩色軸があり、一番上に **B** 、下に **C** をおく。
>
> 🐭 **A** を無彩色軸を含む面で縦に切ると **D** 、水平に切ると **E** になる。**D** は無彩色軸を中心に **F** の関係にある色相の面である。

こたえ **A** 色立体 **B** 白 **C** 黒 **D** 等色相面 **E** 等明度面 **F** 補色

**等色相面** とは、色立体を垂直（縦）に切った断面。無彩色の軸を中心に補色の関係の色相の組み合わせになります。

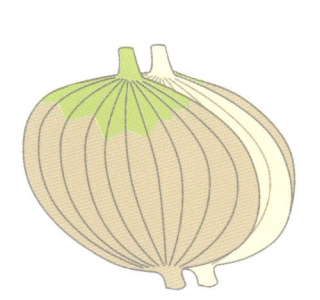

タマネギを真っ二つにするような具合です

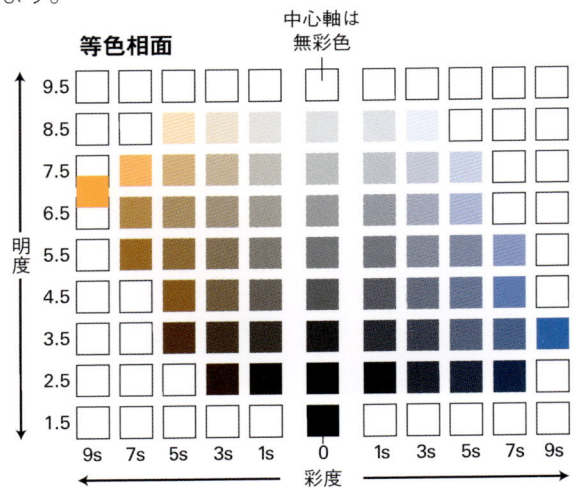

等色相面

中心軸は無彩色

明度

彩度

**表色系** とは、色の三属性を数値や記号で表すことをいい、その基本的な考え方を **色彩体系** といいます。表色系は **顕色系** と **混色系** があります。顕色系は見た目で等分する方法でPCCSやマンセル表色系があります。混色系は1級で学びます。
**色票** は物体色を色紙の形にしたもので、色を数値や記号で表す体系を **カラーオーダシステム** といいます。

# 1 PCCS 色相
**色を分類する**

- PCCSでは色相を**ヒュー**といい、**24色相**に分けている。各色相には**色相名**と**色相記号**がつけられている。色相名は、赤、黄など日本語の色相名とred、yellowなど英語の色相名がある。
- 基本となる赤（2：R）、黄（8：Y）、緑（12：G）、青（18：B）の4色を**心理四原色**という。
- 心理四原色に対する心理補色は赤⇔青緑（14：BG）、黄⇔青紫（20：V）、緑⇔赤紫（24：RP）、青⇔黄みのだいだい（6：yO）。

**PCCS** とは、**日本色研配色体系**といい、財団法人日本色彩研究所が1964年に配色調和を主な目的として開発しました。

色の表示方式には2種類あります。①色相を表す**ヒュー**（Hue）番号と、明度と彩度を合わせた**トーン**（Tone）記号の2属性で表す**ヒュートーンシステム**と、②色相記号と明度、彩度の3属性で表す方式があります。

**色相** は、PCCSでは**ヒュー**（Hue）と呼ばれ24色に分けられています。各色相には、赤、黄などの**色相名**と**色相記号**がつけられています。

色相記号は、1〜24までの**色相番号**に：（コロン）と色相名の英名のイニシャルをつけたものです。「〜みの」という色みの偏りを表す部分は小文字にします。

青緑 ＝ 14：BG

色相名　　色相番号　色相の略記号
　　　　　（1〜24）

**PCCSの色相環** では、まず、基本となる赤、黄、緑、青の4色を並べます。ちなみに、この4色を**心理四原色**といいます。この4色の対向する位置にそれぞれの**心理補色**をおきます。この8色相の間隔が等しくなるように4色相を加え12色相とし、さらに12色相の中間の色相を加えて**24色相**にします。

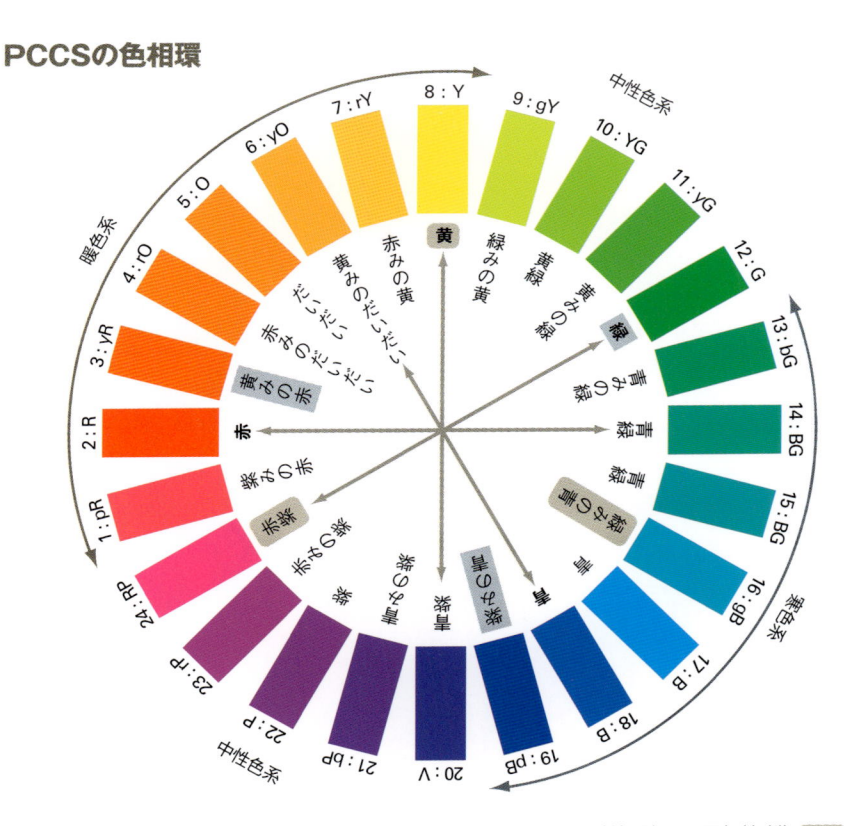

## PCCSの色相環

| 心理四原色 |  | 心理四原色に対する心理補色 |
|---|---|---|
| 赤 | 2：R ⟷ | 青緑 14：BG |
| 黄 | 8：Y ⟷ | 青紫 20：V |
| 緑 | 12：G ⟷ | 赤紫 24：RP |
| 青 | 18：B ⟷ | 黄みのだいだい 6：yO |

減法混色の三原色（色料）
黄（8：Y）、緑みの青（16：gB）、
赤紫（24：RP）

加法混色の三原色（色光）
黄みの赤（3：yR）、緑（12：G）、
紫みの青（19：pB）

**補色**（ほしょく）とは色相環の反対の位置にある色のこと。ある色をしばらく見つめた後、白い紙などを見ると、**反対の色**の補色が残像として現れます。これを**補色残像**といい、その色を**心理補色**といいます。

補色同士は色相番号の差が12なので、色相番号に12を足すか、12を引くと、その色が補色です。

# 1 PCCS 明度・彩度

色を分類する

- PCCSでは、明度を **ライトネス**、彩度を **サチュレーション** という。明度段階は9段階または17段階に分割され、明度の最も高い色は**白**で数値は **9.5**、最も低い色は**黒**で**1.5**である。
- PCCSでは、明度は、9.5(W)〜7.0の**高明度**、6.5〜4.5の**中明度**、4.0〜1.5(Bk)の**低明度**の3グループに分けられる。彩度は、「9s、8s、7s」の**高彩度**、「6s、5s、4s」の**中彩度**、「3s、2s、1s」の**低彩度**の3グループに分けられる。
- 各色相の中で最も彩度の高い色の**純色**は **9s** になる。

**明度** は、PCCSでは **ライトネス**（Lightness）といいます。

明度の段階は、最も明度の高い白を9.5、最も明度の低い黒を1.5とし、その間を1.0できざんだ9段階と0.5きざみの17段階があります。

明度は、「**高明度**（9.5〜7.0）」「**中明度**（6.5〜4.5）」「**低明度**（4.0〜1.5）」に分けられます。

## PCCSの明度段階

グレイスケール

| | 明度 | グレイスケール | 黄の色相 | 紫の色相 | |
|---|---|---|---|---|---|
| 高明度 | 9.5 | | | | 高い |
| | 9.0 | | | | |
| | 8.5 | | | | |
| | 8.0 | | | | |
| | 7.5 | | | | |
| | 7.0 | | | | |
| 中明度 | 6.5 | | | | 明度 |
| | 6.0 | | | | |
| | 5.5 | | | | |
| | 5.0 | | | | |
| | 4.5 | | | | |
| 低明度 | 4.0 | | | | |
| | 3.5 | | | | |
| | 3.0 | | | | |
| | 2.5 | | | | |
| | 2.0 | | | | 低い |
| | 1.5 | | | | |

無彩色と有彩色の黄と紫を照合してみるとこうなります

> 覚えたかどうかやってみよう
>
> - 最も彩度の高い色の数値は A  で、その色は B  である。
> - PCCSでは、明度を C  、彩度をサチュレーションという。
> - 無彩色軸から離れるほど彩度は D  なる。

こたえ A 9s  B 純色  C ライトネス  D 高く

**彩度（さいど）** は、PCCSでは**サチュレーション**（Saturation）と呼ばれ、もとは飽和度という意味です。

彩度段階は9s、8s～1sのように数値にSaturationの頭文字のsをつけて表します。数値が高いほど彩度が高くなります。

各色相の中で一番彩度の高い色（**9s**）が**純色**です。無彩色の0sを加え10段階になります。

彩度は大まかに「**高彩度**（9s、8s、7s）」「**中彩度**（6s、5s、4s）」「**低彩度**（3s、2s、1s）」に分けられます。

### PCCSの彩度段階

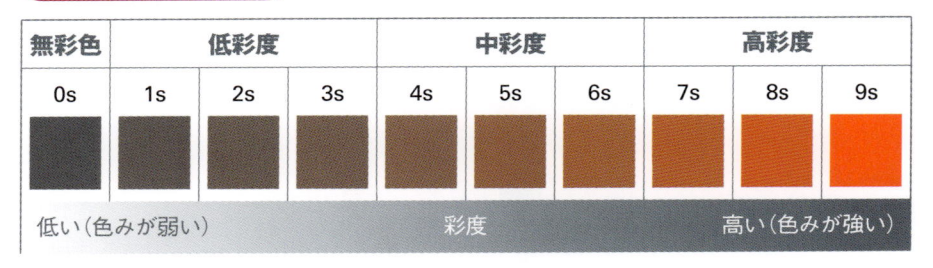

| 無彩色 | 低彩度 | | | 中彩度 | | | 高彩度 | | |
|---|---|---|---|---|---|---|---|---|---|
| 0s | 1s | 2s | 3s | 4s | 5s | 6s | 7s | 8s | 9s |

低い（色みが弱い）　　　　　彩度　　　　　高い（色みが強い）

無彩色から離れるほど彩度は高くなります

# 1 PCCS 色立体
## 色を分類する

- 色立体の中心には**無彩色軸**（**グレイスケール**）があり、明るい色は上に、暗い色は下になる。
- **彩度**は、無彩色軸から離れるほど高くなり、**最も離れた外周**に**純色**がくる。
- PCCSの色立体は真上から見ると**正円**だが、横から見ると**歪んだ球体**である。
- **縦軸**が明度、**横軸**が彩度、**円周部分**が色相になる。

**等色相面** 中心にある無彩色の軸を通って垂直に切断すると、同じ色相の**等色相面**になります。

**PCCSの色立体**は、上から見ると正円です。PCCSでは各色相とも純色の最高彩度は9sと同じ、つまり無彩色軸からどの色相も彩度は等距離にあるからです。しかし、色相によって純色の明度は違うので、全体を見ると歪んだ球体になります。

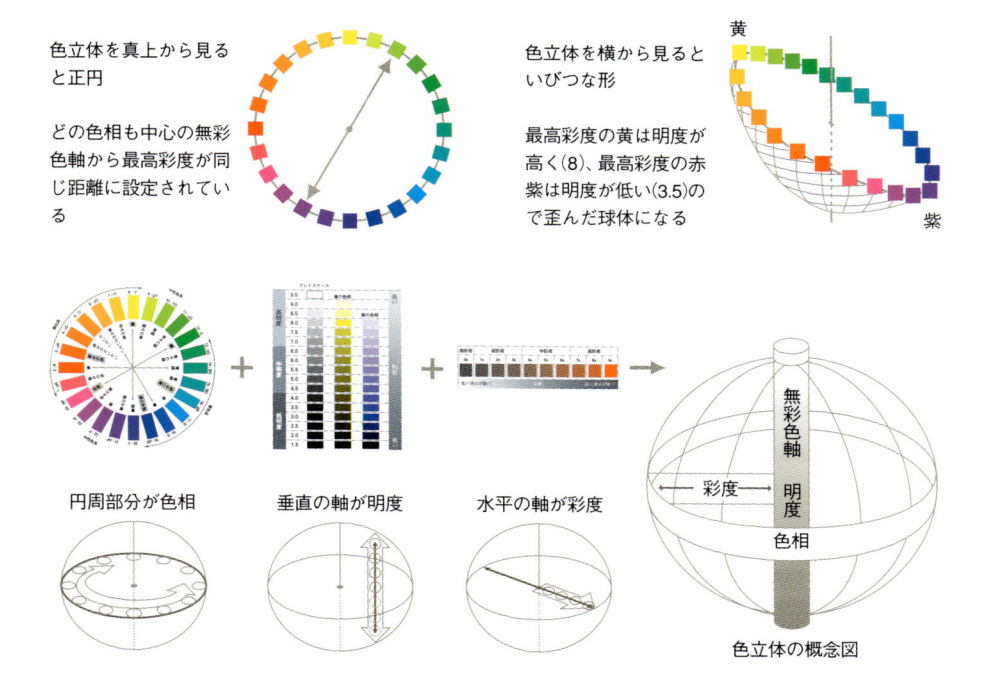

色立体を真上から見ると正円

どの色相も中心の無彩色軸から最高彩度が同じ距離に設定されている

色立体を横から見るといびつな形

最高彩度の黄は明度が高く(8)、最高彩度の赤紫は明度が低い(3.5)ので歪んだ球体になる

円周部分が色相　＋　垂直の軸が明度　＋　水平の軸が彩度　→　色立体の概念図（無彩色軸・彩度・明度・色相）

> 🐻 PCCSの色立体を真上から見ると [A] だが、全体は歪んだ球体である。
> 無彩色軸から離れるほど [B] は高くなる。
> 全体が歪んだ球体になるのは色相によって純色の [C] が違うからだ。
> 🐻 色立体では明るい色は [D] に、暗い色は [E] になる。

こたえ 🅐 正円 🅑 彩度 🅒 明度 🅓 上 🅔 下

8:Yの等色相面

W(白)
明度

8:Y  9:gY  10:YG  11:yG  12:G  13:bG  14:BG  15:BG  16:gB  17:B  18:B  19:pB  20:V  21:bP  22:P  23:rP  24:RP  1:pR  2:R  3:yR  4:rO  5:O  6:yO  7:rY

彩度

20:Vの等色相面

色相

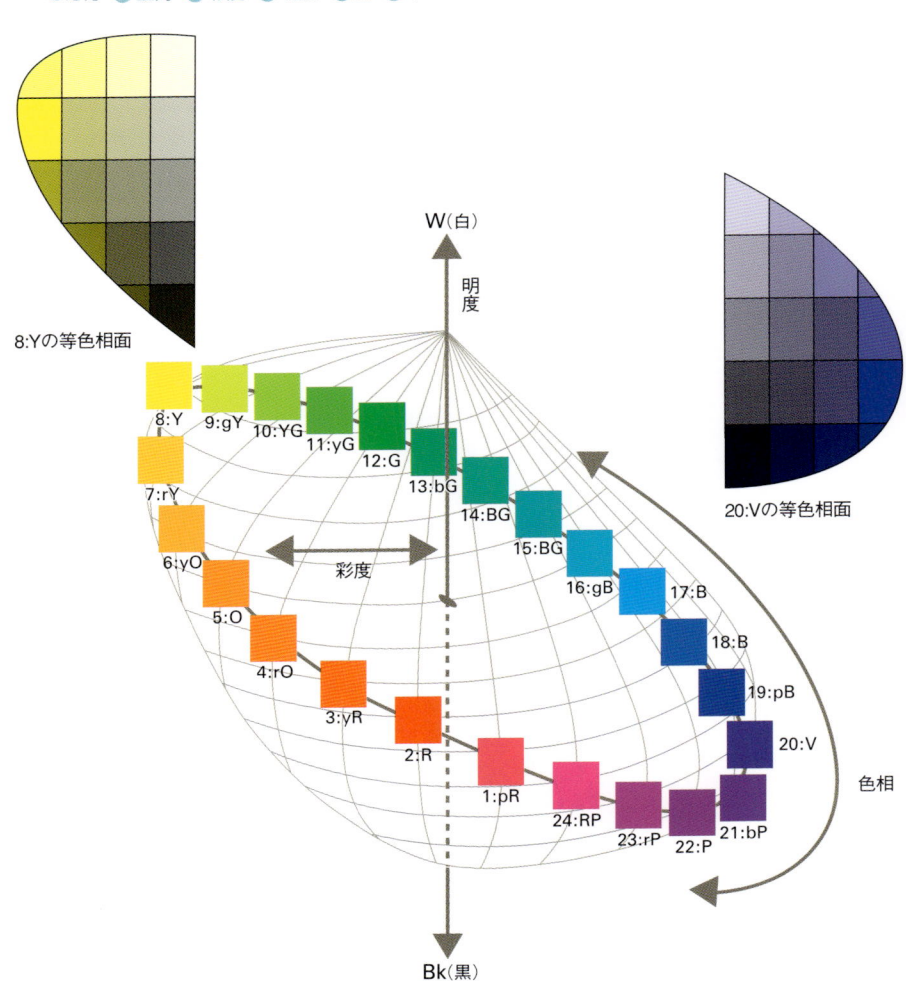

Bk(黒)

# 1 PCCS トーン
色を分類する

- 明度と彩度を組み合わせた色の調子のことを、**トーン**、**色調**(色の調子)という。有彩色で**12トーン**、無彩色の**5段階**に分類されている。
- **純色**に白を加えた**明清色**、黒を加えた**暗清色**、グレイを加えた**中間色**のグループに分けられる。

**トーン(色調)** とは、明度と彩度をひとまとめにした色の調子のこと。つまりトーンは純色と無彩色を混ぜて出来る同じ色相の色(同系色)です。明るいトーン、渋いトーンなどといいます。有彩色は**12トーン**、無彩色は**5段階**に分類されています。トーンは彩度の違いで**高彩度トーン**、**中彩度トーン**、**低彩度トーン**に分けられます。また、純色に白、黒、グレイの無彩色を加えた**明清色**、**暗清色**、**中間色**のグループにも分けられます。

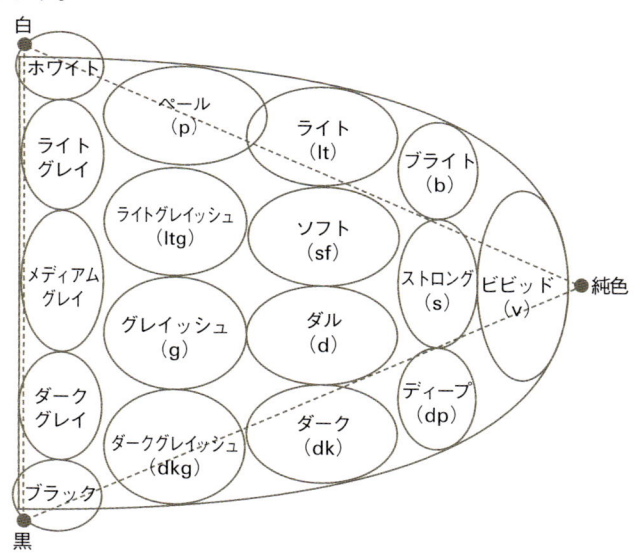

トーン図では、明るい色は上に、暗い色は下になる
彩度が低い色ほど無彩色の軸に近く、彩度の高い色ほど無彩色の軸から遠くなる

色によってトーン分布の形は違います。それは純色の位置が色によって違うからです。例えば、黄色(8:Y)の純色は明度が高いので上の方にあり、青紫(20:V)の純色は明度が低いので下の方に位置します。純色の彩度は各色とも同じで、かならず9sです。

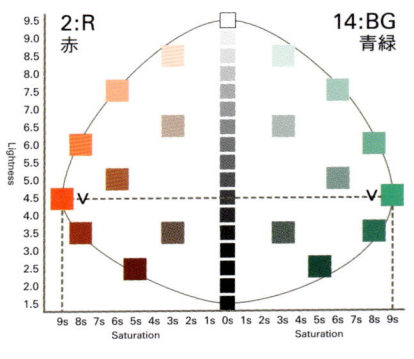

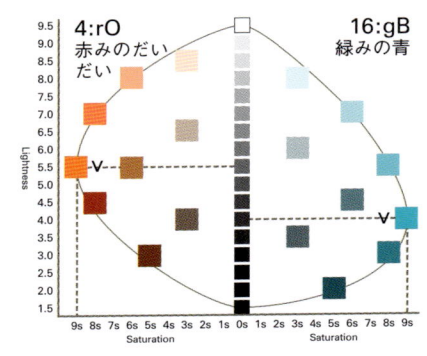

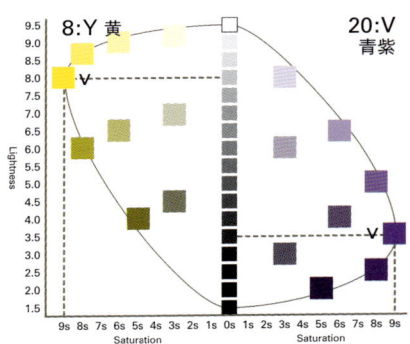

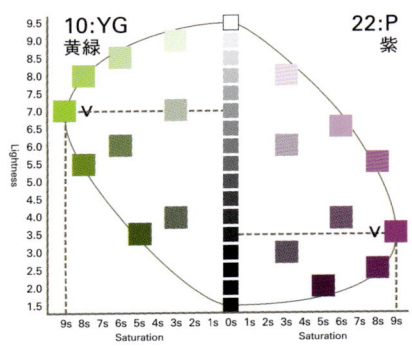

**純色** とは、「赤」や「青」のような有彩色の中で最も彩度の高い色をいいます。ビビッド(v)トーン。

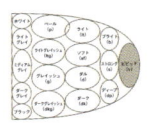

**明清色** とは、純色に白を加えた明るく澄んだ色のグループ。ブライトトーン(b)、ライトトーン(lt)、ペールトーン(p)の各トーン。

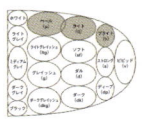

**暗清色** とは、純色に黒を加えた暗く澄んだ色のグループ。ディープトーン(dp)、ダークトーン(dk)、ダークグレイッシュトーン(dkg)の各トーン。

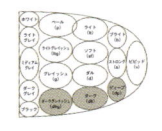

**中間色** とは、純色にグレイを加えた色のグループ。ストロングトーン(s)、ソフトトーン(sf)、ダルトーン(d)、ライトグレイッシュトーン(ltg)、グレイッシュトーン(g)の各トーン。

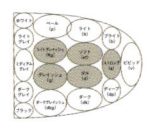

# 1 PCCS トーンの分類
色を分類する

- トーンは、彩度の違いで**高彩度**トーン(**v/b/s/dp**)、**中彩度**トーン(**lt/sf/d/dk**)、**低彩度**トーン(**p/ltg/g/dkg**)に分けられる。
- 純色に**白**を加えたグループを**明清色**(**p/lt/b**)、黒を加えたグループを**暗清色**(**dkg/dk/dp**)、グレイを加えたグループを**中間色**(**s/sf/d/ltg/g**)という。

## PCCSのトーンの分類

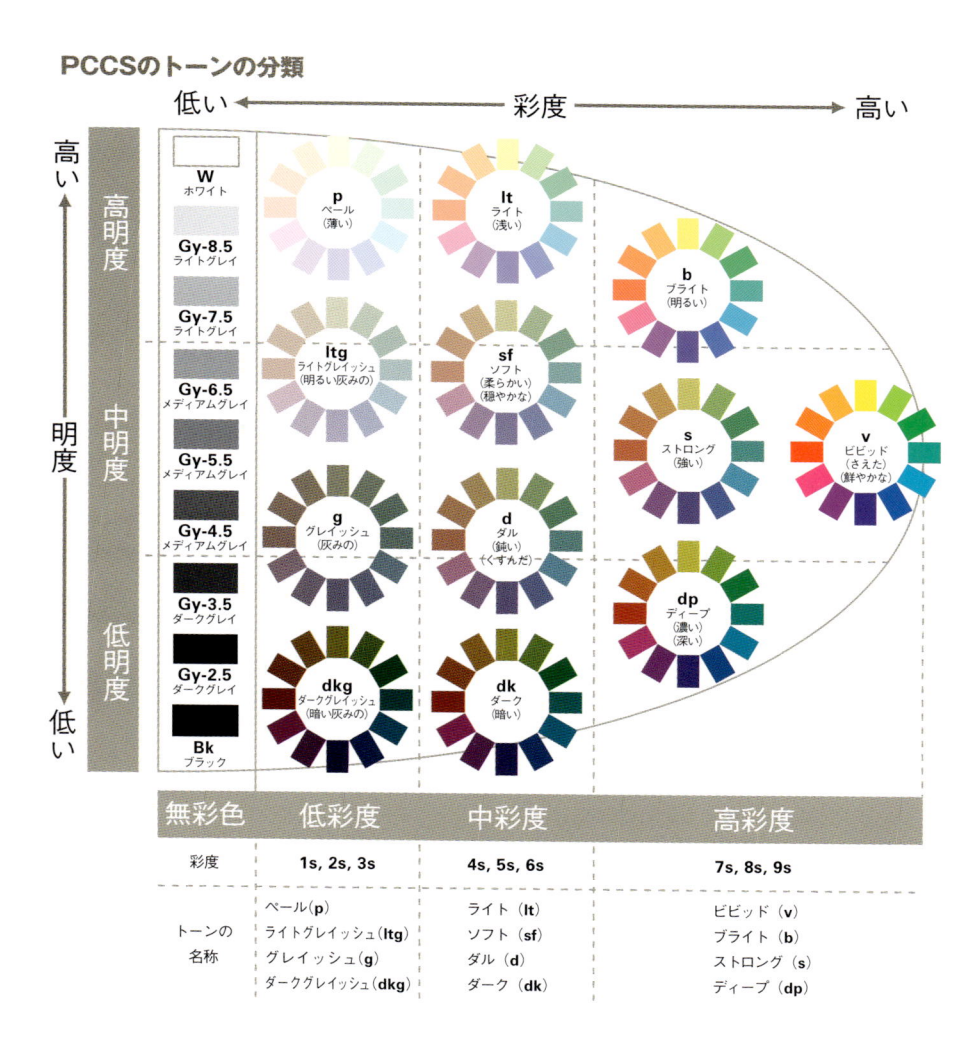

明度: 高明度 / 中明度 / 低明度
彩度: 低い ← → 高い

無彩色:
- W ホワイト
- Gy-8.5 ライトグレイ
- Gy-7.5 ライトグレイ
- Gy-6.5 メディアムグレイ
- Gy-5.5 メディアムグレイ
- Gy-4.5 メディアムグレイ
- Gy-3.5 ダークグレイ
- Gy-2.5 ダークグレイ
- Bk ブラック

トーン:
- p ペール (薄い)
- lt ライト (浅い)
- b ブライト (明るい)
- ltg ライトグレイッシュ (明るい灰みの)
- sf ソフト (柔らかい/穏やかな)
- s ストロング (強い)
- v ビビッド (さえた/鮮やかな)
- g グレイッシュ (灰みの)
- d ダル (鈍い/くすんだ)
- dp ディープ (濃い/深い)
- dkg ダークグレイッシュ (暗い灰みの)
- dk ダーク (暗い)

| | 無彩色 | 低彩度 | 中彩度 | 高彩度 |
|---|---|---|---|---|
| 彩度 | | 1s, 2s, 3s | 4s, 5s, 6s | 7s, 8s, 9s |
| トーンの名称 | | ペール (p)<br>ライトグレイッシュ (ltg)<br>グレイッシュ (g)<br>ダークグレイッシュ (dkg) | ライト (lt)<br>ソフト (sf)<br>ダル (d)<br>ダーク (dk) | ビビッド (v)<br>ブライト (b)<br>ストロング (s)<br>ディープ (dp) |

# 色を分類する
# PCCS トーンのイメージ

各トーンにはそれぞれからイメージされる感情効果があります。その感情効果は、色相が変わってもトーンが同じならば共通しています。

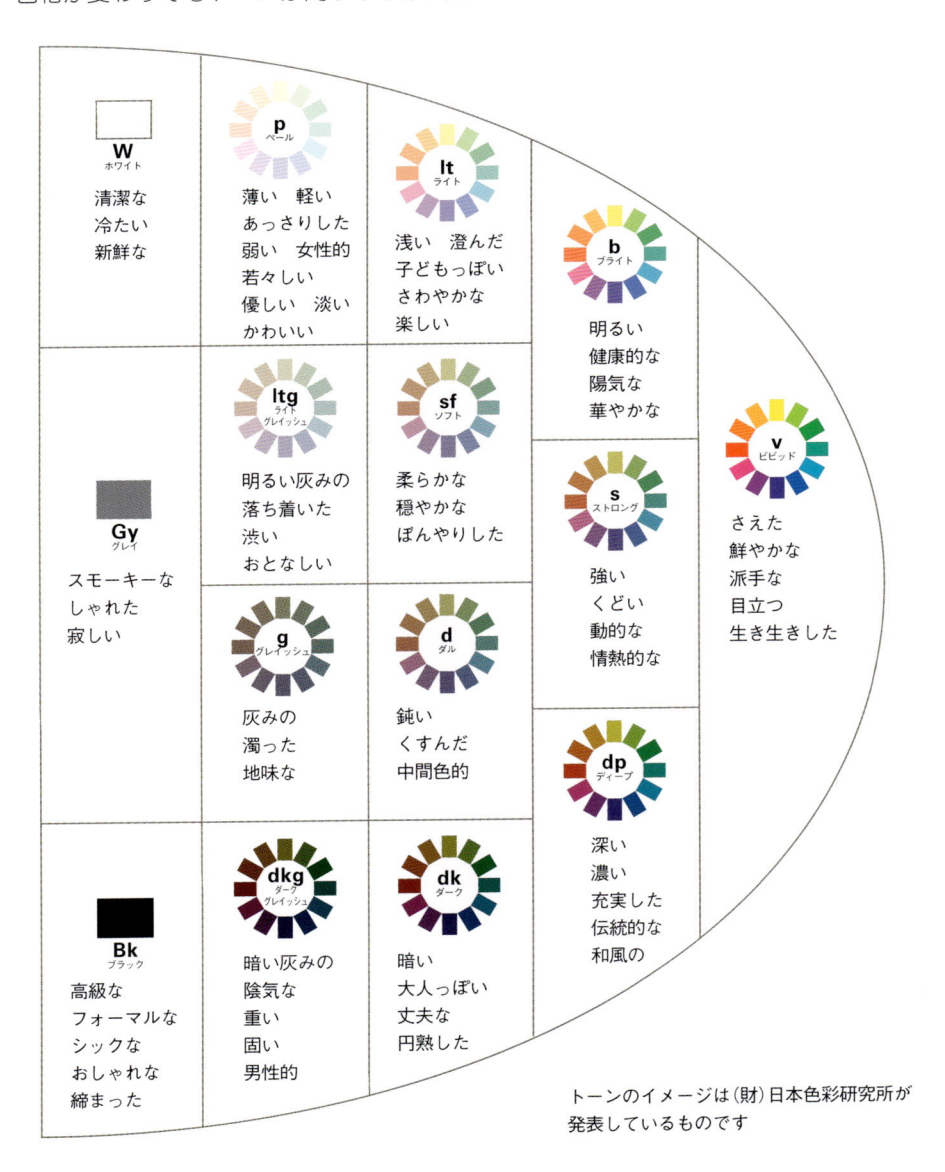

| | | | | |
|---|---|---|---|---|
| **W** ホワイト 清潔な 冷たい 新鮮な | **p** ペール 薄い 軽い あっさりした 弱い 女性的 若々しい 優しい 淡い かわいい | **lt** ライト 浅い 澄んだ 子どもっぽい さわやかな 楽しい | **b** ブライト 明るい 健康的な 陽気な 華やかな | |
| **Gy** グレイ スモーキーな しゃれた 寂しい | **ltg** ライトグレイッシュ 明るい灰みの 落ち着いた 渋い おとなしい | **sf** ソフト 柔らかな 穏やかな ぼんやりした | **s** ストロング 強い くどい 動的な 情熱的な | **v** ビビッド さえた 鮮やかな 派手な 目立つ 生き生きした |
| | **g** グレイッシュ 灰みの 濁った 地味な | **d** ダル 鈍い くすんだ 中間色的 | **dp** ディープ 深い 濃い 充実した 伝統的な 和風の | |
| **Bk** ブラック 高級な フォーマルな シックな おしゃれな 締まった | **dkg** ダークグレイッシュ 暗い灰みの 陰気な 重い 固い 男性的 | **dk** ダーク 暗い 大人っぽい 丈夫な 円熟した | | |

トーンのイメージは(財)日本色彩研究所が発表しているものです

# 1 PCCS 色表示
色を分類する

PCCSには色彩を表示する2つの方法がある。

**❶ トーン記号で表示する**

······▶ ①トーンの略記号 ②色相番号
　　　　　　v　　　　　　2

**❷ 色の三属性で表示する**

······▶ ①色相記号　②明度　③彩度
　　　　2 : R - 5 - 9s

## ❶ トーン記号による色表示

トーンの略記号と色相番号だけを組み合わせたトーンで表す表示方法です。

### 有彩色は＜トーンの略記号＋色相番号＞

有彩色の
この色は
さえた
黄色です

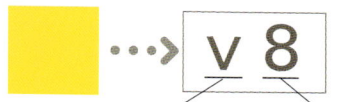

······▶ **v 8**

vはトーンの略記号
ビビッド（さえた）
色を表します

8は色相番号
24色相中の8番の
黄色を表します

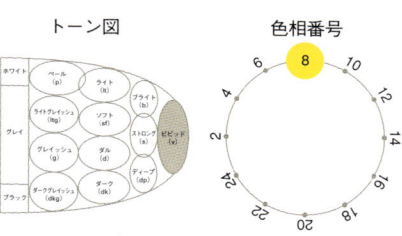

トーン図

色相番号

この色はさえた黄色です

### 無彩色は＜Gy - 明度＞、W、Bkで表す

この
グレイは
明度5.5の
グレイです

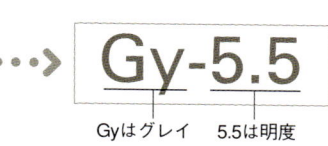

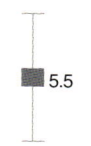

······▶ **Gy-5.5**

Gyはグレイ　5.5は明度

5.5

グレイは明度だけなので、Gy-5.5…明度が5.5のグレイ

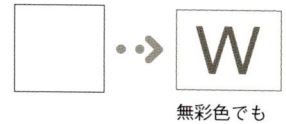

······▶ **W**

無彩色でも
白はWで表示
します

······▶ **Bk**

黒はBkで表示
します

白と黒には明度段階をつけません

**色相記号**は大文字、小文字＋大文字で表します。小文字は、pRなら紫みの赤、rOなら赤みの橙、のように「〜みの」という〜色が少し入っていることを表します。

| 色相記号 | | 色相名 | | 色相記号 | | 色相名 | | 色相記号 | | 色相名 |
|---|---|---|---|---|---|---|---|---|---|---|
| 1 : pR | purplish red | 紫みの赤 | | 9 : gY | greenish yellow | 緑みの黄 | | 17 : B | blue | 青 |
| 2 : R | red | 赤 | | 10 : YG | yellow green | 黄緑 | | 18 : B | blue | 青 |
| 3 : yR | yellowish red | 黄みの赤 | | 11 : yG | yellowish green | 黄みの緑 | | 19 : pB | purplish blue | 紫みの青 |
| 4 : rO | reddish orange | 赤みのだいだい | | 12 : G | green | 緑 | | 20 : V | violet | 青紫 |
| 5 : O | orange | だいだい | | 13 : bG | bluish green | 青みの緑 | | 21 : bP | bluish purple | 青みの紫 |
| 6 : yO | yellowish orange | 黄みのだいだい | | 14 : BG | blue green | 青緑 | | 22 : P | purple | 紫 |
| 7 : rY | reddish yellow | 赤みの黄 | | 15 : BG | blue green | 青緑 | | 23 : rP | reddish purple | 赤みの紫 |
| 8 : Y | yellow | 黄 | | 16 : gB | greenish blue | 緑みの青 | | 24 : RP | red purple | 赤紫 |

## ❷ 三属性による色表示

色相、明度、彩度の数字、文字を組み合わせた色の三属性で表す表示方法です。

### 有彩色は＜色相 - 明度 - 彩度＞　　色相は色相記号で表します

有彩色のこの色は黄で、明度が8、彩度が9sです

**8:Y - 8 - 9s**

8:Yは色相記号　　8は明度　　9sは彩度

(8は色相番号、Yはyellowの頭文字)

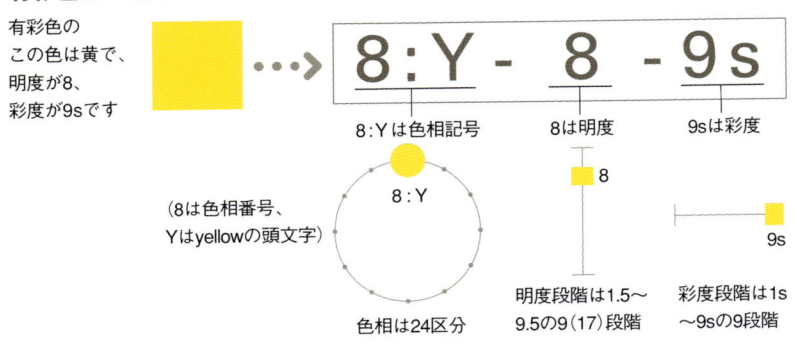

色相は24区分

明度段階は1.5〜9.5の9(17)段階

彩度段階は1s〜9sの9段階

### 無彩色は＜n - 明度＞　nはneutral(ニュートラル)／無彩色の意味

無彩色のこのグレイは明度が5.5のグレイです

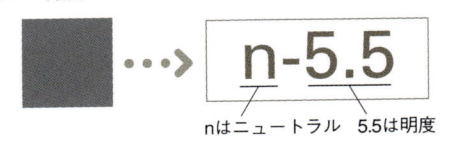

**n-5.5**

nはニュートラル　5.5は明度

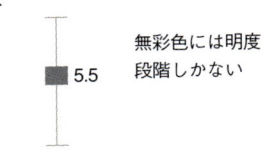

無彩色には明度段階しかない

**n-9.5**　白の表示

**n-1.5**　黒の表示

白と黒も明度で表します

# 2 色の名前
## ことばによる色の表示

# 2 ことばによる色名表示
色の名前

- 色の名前には**基本色名**、**系統色名**、**慣用色名**などいくつかの呼び方がある。
- 色の範囲をすべてカバーするように考えられたのが**系統色名**である。これは、**基本色名に修飾語をつけた色名**である。
- 動物や植物など**具体的なものの名前がついた色名**を**固有色名**という。その中で、特に知られている色を**慣用色名**という。固有色名には色を連想しやすいという特徴があるが、色の範囲をすべてカバーすることは出来ない。

**色の名前** 普段、私たちは何色かを伝えるとき、黄色とか青、またはレモン色とか肌色といった**色名**を使っています。

これらのことばによって色を表す方法は、色相記号のように厳密に色を伝えることは出来ませんが、一般的で、色を想像しやすい。このような色名の表示方法について説明します。

うぐいすはどう言い表すの？

うぐいすいろ

くすんだ黄緑

系統色名による言いかた

**基本色名** とは、原則として、赤、青、黄、緑、黄緑、赤紫、白、黒などのように色だけを表す言葉で、JIS（日本工業規格）ではこれら基本色名に関する規格がありますが、「灰色」は、ほかに適当な名称がないので、使われています。

赤　黄　緑　青　紫
黄赤　黄緑　青緑　青紫　赤紫
白　灰色　黒

JISでは有彩色10色＋無彩色3色

> 🐭 覚えたかどうか やってみよう

> 🐭 すべての色の範囲（色空間）をカバーするために A に修飾語をつけた色名を B という。動植物や身のまわりにあるもの、顔料、染料など具体的なものの名前を色名として使っているものを C という。
> 🐭 C の中でも特に知られ、使われている色のことを D という。

こたえ　A 基本色名　B 系統色名　C 固有色名　D 慣用色名

**系統色名**（けいとうしきめい）とは、色の範囲をすべてカバー出来るように、一定の規則に従って、基本色名に修飾語をつけて表す色名です。

例

| トーンの修飾語 | + | 色み（色相）に関する修飾語 | + | 基本色名 |
|---|---|---|---|---|
| ＝ | | ＝ | | ＝ |

レモンの色：あざやかな　　緑みの　　黄

ブドウの色：こい　　紫みの　　赤

※「トーンの修飾語」はJISの系統色名では「明度及び彩度に関する修飾語」というが意味は同じ

**ことばによる色名表示**（しきめい）　同じ色名を3通りの色名で表すことがある。

| 系統色名では：明るい赤 | 系：暗い紫みの青 |
|---|---|
| 和色名では　：珊瑚色 | 和：紺色 |
| 外来色名では：コーラルレッド | 外：ネービーブルー |

**慣用色名**（かんようしきめい）とは、固有色名の中でも特に知られ、使われている色のことです。桜色、鶯色、空色などです。**固有色名**とは、動植物や身のまわりにあるもの、顔料、染料など具体的なものの名前を色名として使っているものです。

JISの慣用色名には**和色名147色**、**外来色名122色**の計**269色**が選定されています。

## 2 色の名前
# 慣用色名（JISによる）

### JIS慣用色名：和色名

**桜色** さくらいろ
ごくうすい紫みの赤
マンセル値：10RP9/2.5

桜の花びらの色。平安時代から使われた伝統的な色名で優しくはかなげな色。

**紅梅色** こうばいいろ
やわらかい赤
マンセル値：2.5R6.5/7.5

紅梅の花の色。清少納言の枕草子では「いとめでたきもの」として「木の花は　濃きも薄きも　紅梅」としている。

**珊瑚色** さんごいろ
明るい赤
マンセル値：2.5R7/11

珊瑚の色。珊瑚は古くからかんざしなどの装飾品に加工され、江戸時代の土佐藩では桃色珊瑚を他国に漏れないように取り締まった。

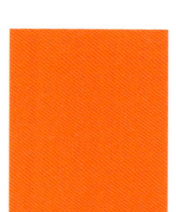

**朱色** しゅいろ
あざやかな黄みの赤
マンセル値：6R5.5/14

印鑑や神社の鳥居の鮮やかな赤。バーミリオンと同じ色。戦国時代、将軍から海外渡航を許された船を御朱印船といった。

**茜色** あかねいろ
こい赤
マンセル値：4R3.5/11

山野に自生する茜の根から染めた色。古代の万葉集の時代から親しまれていた色。

**煉瓦色** れんがいろ
暗い黄赤
マンセル値：10R4/7

赤煉瓦の色。煉瓦が日本に入ってきたのは明治時代からで、煉瓦色は文明開化をイメージするハイカラな色名だった。

**栗色** くりいろ
暗い灰みの黄赤
マンセル値：2YR3.5/4

栗の実の皮の色。栗は古代の万葉集に歌われた身近な食べ物だった。山上憶良「瓜はめば　子ども思ほゆ　栗はめば　まして偲はゆ」。

**生成り色** きなりいろ
赤みを帯びた黄みの白
マンセル値：10YR9/1

未加工の繊維のような生地のままの、かざりけのないことを生成りといい、ナチュラルカラーとして流行する。

### 山吹色 やまぶきいろ
あざやかな赤みの黄
マンセル値：10YR7.5/13

山吹の花の鮮やかな黄色。山吹の花は平安時代から親しまれていた。

### 芥子色 からしいろ
やわらかい黄
マンセル値：3Y7/6

和からしの渋い黄色。からしは奈良時代から香辛料として使われていたが、色名としては昭和からのようだ。英名・マスタード。

### 黄土色 おうどいろ
くすんだ赤みの黄
マンセル値：10YR6/7.5

顔料の黄土の色。最古の顔料で、高松塚古墳の壁画やラスコーやアルタミラの洞窟画でも使われている。英名・イエローオーカー。

### 萌黄 もえぎ
つよい黄緑
マンセル値：4GY6.5/9

木の芽が萌えでるような若々しい黄緑。似た色名の萌葱色は深く渋い青緑の別な色。平家物語に貴公子の鎧の色名に表れる。

### 青磁色 せいじいろ
やわらかい青みの緑
マンセル値：7.5G6.5/4

青磁と呼ばれる中国産の磁器の色。青磁は紀元前の西周や漢の時代から焼かれ、日本人にとっては貴重な器だった。

### 鶯色 うぐいすいろ
くすんだ黄緑
マンセル値：1GY4.5/3.5

鶯の羽のくすんだ黄緑。平安時代の古今和歌集にも登場する。「うぐいす餅」の名は豊臣秀吉がつけたといわれる。

### 若竹色 わかたけいろ
つよい緑
マンセル値：6G6/7.5

若い竹の幹のような緑色。竹は古くから身近な素材で、老竹色、青竹色、煤竹色があり、若竹色は明治以降の色名。

### 浅葱色 あさぎいろ
あざやかな緑みの青
マンセル値：2.5B5/8

ネギの葉の緑みの青。古代から渋い黄色の浅黄色と混同されたが、浅葱は鮮やかな青色で、新撰組の羽織の色。

# 2 慣用色名（JISによる）
## 色の名前

### 空色 そらいろ
明るい青
マンセル値：9B7.5/5.5

晴れた日の明るい空の色。スカイブルーと同じ。広く使われたのは明治時代からだが、平安時代の源氏物語にも使われている。

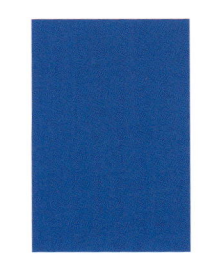

### 群青色 ぐんじょういろ
こい紫みの青
マンセル値：7.5PB3.5/11

群青の群は「かたまり、集まり」の意味で、鮮やかな青色のこと。古代からこの群青色の岩絵具は宝石に匹敵する貴重品だった。

### 桔梗色 ききょういろ
こい青紫
マンセル値：9PB3.5/13

桔梗の花の鮮やかな紫色。桔梗は平安時代の源氏物語にも登場する古代からの人気の花だった。

### 瑠璃色 るりいろ
こい紫みの青
マンセル値：6PB3.5/11

ラピスラズリの濃い紫みの青。瑠璃（ラピスラズリ）は仏教でもキリスト教でも至上の色とされた。仏教では須弥山に産する宝石とされた。

### 藍色 あいいろ
暗い青
マンセル値：2PB3/5

藍で染めた暗い青。藍は人類最古の植物染料の代表。藍の葉をきざんで発酵させて染め、濃さによって色が変わる。

### 茄子紺 なすこん
ごく暗い紫
マンセル値：7.5P2.5/2.5

茄子の表皮の暗い紫。色名が普及したのは明治以降で、力強さが人気で校旗やスポーツ競技の優勝旗として流行した。

### 菖蒲色 あやめいろ
明るい赤みの紫
マンセル値：10P6/10

花菖蒲のような鮮やかな紫色。桔梗色よりも赤みが強い。菖蒲は観賞用として親しまれ、東京・亀戸天神の菖蒲は人気のスポット。

### 牡丹色 ぼたんいろ
あざやかな赤紫
マンセル値：3RP5/14

色料の3原色のマゼンタに近い、鮮やかな紅色。牡丹の花は平安時代から親しまれていたが、この色が広まったのは明治時代から。

## JIS慣用色名：外来色名

### サーモンピンク
やわらかい黄みの赤
マンセル値：8R7.5/7.5

鮭の身の色。鮭は北太平洋に回遊し、河川に戻って産卵し、日本でも北海道や東北地方で獲れる人気の魚。

### カーマイン
あざやかな赤
マンセル値：4R4/14

赤い絵具の定番の色名。19世紀末に赤色顔料のカーマインレーキがつくられた。天然のカーマインはサボテンに寄生するコチニール虫。

### スカーレット
あざやかな黄みの赤
マンセル値：7R5/14

鮮やかな赤。和名・緋色（ひいろ）。中世から使われた色名。絵具のスカーレットレーキは体質顔料に吸着させたもの。

### バーミリオン
あざやかな黄みの赤
マンセル値：6R5.5/14

鮮やかな赤で和名は朱色。硫化水銀からつくった色。天然顔料は中国で古代からつくられ、ヨーロッパでも古くから知られていた。

### ボルドー
ごく暗い赤
マンセル値：2.5R2.5/3

ボルドー産の赤ワインの色。ボルドーはローマ時代から栄えたフランスの河港都市で、ワインの輸出集荷港

### チョコレート
ごく暗い黄赤
マンセル値：10R2.5/2.5

チョコレートのごく暗い黄赤。1876年、スイスでカカオ豆の実を焙煎して練り合わせ、現在のチョコレートがつくられた。

# 2 色の名前
## 慣用色名（JISによる）

### ピーチ
明るい灰みの黄赤
マンセル値：3YR8/3.5

桃の果実の明るい黄色。和名の桃色は果実の表面の明るい赤色で別な色。ピーチは暖かく明るい穏やかな色。

### ベージュ
明るい灰みの赤みを帯びた黄
マンセル値：10YR7/2.5

漂白していない羊毛や染色していない糸くずのような淡い茶色。和名の生成り色に近いナチュラルで優しいイメージ。

### ブロンド
やわらかい黄
マンセル値：2Y7.5/7

金髪の明るく柔らかい黄赤。欧米人の典型的な髪の色名で、褐色がかったブルネットに対する色。

### マリーゴールド
あざやかな赤みの黄
マンセル値：8YR7.5/13

マリーゴールドの花びらの鮮やかな黄色。メキシコ原産のキク科の1年草で、広く花壇に植えられている。

### カーキー
くすんだ赤みの黄
マンセル値：1Y5/5.5

泥土のような暗い黄色。もとはヒンズー語のカーキ（泥土）の意味で、19世紀、イギリス軍がインドに駐留したとき、軍服の色とした。

### セピア
ごく暗い赤みの黄
マンセル値：10YR2.5/2

イカの墨からとる半透明の顔料で暗い褐色。古代ローマから用いられ、18世紀から19世紀に淡彩画に用いた。

### クリームイエロー
ごくうすい黄
マンセル値：5Y8.5/3.5

乳製品のクリームを思わせる淡い黄色。この色名は中世の英仏で使われ、日本では明治以降にハイカラなイメージで使われた。

### アイボリー
黄みのうすい灰色
マンセル値：2.5Y8.5/1.5

象牙の淡く渋い黄色。象牙は古代ローマから装飾に用いられ、日本にも古代の天平年間に輸入され、法隆寺の資材帳に記録されている。

### レモンイエロー
あざやかな緑みの黄
マンセル値：8Y8/12

レモンの果実を思わせる鮮やかな黄色。JISでは緑みの黄色を指すが、絵具のレモンイエローは緑みがない。

### カナリヤ
明るい緑みの黄
マンセル値：7Y8.5/10

カナリア諸島原産の小鳥、カナリヤの羽色。色名は18世紀末に出来たが、カナリヤ自体は日本にもほとんど同じ頃に渡来している。

### オリーブ
暗い緑みの黄
マンセル値：7.5Y3.5/4

オリーブの実の渋い色。オリーブはヨーロッパでは『旧約聖書』にも登場する身近な植物。日本には江戸末期に渡来した。

### オリーブグリーン
暗い灰みの黄緑
マンセル値：2.5GY3.5/3

オリーブの葉の暗い黄緑。オリーブ色に比べ、ひときわ暗く青みがかった色。17世紀から使われた色名

### コバルトグリーン
明るい緑
マンセル値：4G7/9

コバルトを原料にして合成した色。18世紀末に発明し、リンマングリーンと呼ばれたが、絵具として普及するのは19世紀中頃。

### エメラルドグリーン
つよい緑
マンセル値：4G6/8

宝石のエメラルドの強い緑色。エメラルドは宝石の女王とされ顔料が試作されてきた。絵具のクロームグリーンと同色。

### ビリジアン
くすんだ青みの緑
マンセル値：8G4/6

緑色の代表的な絵具の深い緑。クロームをもとに19世紀中頃、フランスでつくられた顔料。

### ターコイズブルー
明るい緑みの青
マンセル値：5B6/8

トルコ石の明るい緑みの青。トルコ石はペルシャ産で、トルコを経てヨーロッパに伝わった。似た色名にターコイズグリーンなどがある。

# 2 色の名前
## 慣用色名（JISによる）

### スカイブルー
明るい青
マンセル値：9B7.5/5.5

晴れた空の明るい青色。和名の空色と同じ。スカイ（空）にブルー（青）を重ね合わせて天空への強い想いが表れている。

### ベビーブルー
明るい灰みの青
マンセル値：10B7.5/3

乳児の服の色に似合う明るく優しい青。似た色名のベビーピンクより早く19世紀末に使われた。ヨーロッパ人が青色を尊ぶ気持ちが表れている。

### シアン
明るい青
マンセル値：7.5B6/10

減法混色（印刷インキ）の3原色の青。CMYのC。黄みも赤みも全く含まない純粋な青。

### コバルトブルー
あざやかな青
マンセル値：3PB4/10

酸化コバルトを原料とする鮮やかな青。18世紀につくられ、コバルトグリーンとともに19世紀中頃から普及した。

### ウルトラマリンブルー
こい紫みの青
マンセル値：7.5PB3.5/11

青い宝石ラピスラズリを思わせる濃い青。和名・瑠璃。マリンの名は海の向こうから渡来した意味。ラピスラズリはアフガニスタン原産。

### マリンブルー
こい緑みの青
マンセル値：5B3/7

水兵の制服色の濃い青。マリンは海のことではなく、水兵の意味。伝統的な藍染めの色。

### ネービーブルー
暗い紫みの青
マンセル値：6PB2.5/4

イギリス海軍の制服の暗い青。マリンブルーに比べ紫みがかってかなり暗い青。ネービーは海軍の意味。

### ラベンダー

灰みの青みを帯びた紫
マンセル値：5P6/3

ラベンダーの花の明るく渋い紫。ラベンダーは地中海原産でローマ時代から入浴用香水とされ、現在も香料のもとにされる。

### パープル

あざやかな紫
マンセル値：7.5P5/12

古代ギリシャから用いられた色名。色名の由来は古代に紫色を染める貝紫にあるとみられる。

### バイオレット

あざやかな青紫
マンセル値：2.5P4/11

バイオレット（すみれ）の花びらの色。1666年、ニュートンが可視光を虹の7色に分けたときに最短波長をバイオレットと呼んだ。

### モーブ

つよい青みの紫
マンセル値：5P4.5/9

葵の花色を思わせる19世紀のイギリスでつくられた化学染料の濃い青紫。パープルより、ひときわ濃い。

### マゼンタ

あざやかな赤紫
マンセル値：5RP5/14

減法混色の3原色の紅色。印刷インキのCMYのMのことで、黄みや青みを含まない純粋な紅色。

### ワインレッド

こい紫みの赤
マンセル値：10RP3/9

赤ワインの濃い赤。似た色名のボルドーに比べ、ひときわ鮮やかで明るい。この色名が用いられたのは新しく、18世紀のこと。

### シルバーグレイ

明るい灰色
マンセル値：N6.5

銀色の明るい灰色。白銀の世界といえば全面が雪に覆われた白色の光景を指すが、JISで定めたシルバーは、かなり暗い。

### チャコールグレイ

紫みの暗い灰色
マンセル値：5P3/1

木炭のような暗い灰色。チャコールは木炭、木炭画のことで、グレイとはいっても、かなり黒に近い。

# 3 色と光
## 色が見える理由

# 3 光の正体
### 色と光

- 光はエネルギーが波のかたちで空間を伝わる電磁波の一種。
- 人が見ることの出来る波長範囲の電磁波を光または可視光と呼ぶ。
- 可視光(光)の波長は380nm～780nmの範囲で、短波長、中波長、長波長の3つに簡略化出来る。
- 可視範囲の隣、つまり、短波長の隣には紫外線、長波長の隣には赤外線がある。紫外線、赤外線の波長は可視範囲ではないので見えない。

**光** とはエネルギーが波のように空間を伝わっていく**電磁波**の一種です。人は、ある物体から反射される光(電磁波)を色として感じているのです。その物体自身に色があるわけではないのです。ものの色は光によって変わります。つまり、人は光源と物体と視覚の3つの要素によって色を見て(感じて)いるのです。

**電磁波** とは、波のように伝わっていくエネルギーで、波の山の高さを**振幅**、その波の長さを**波長**といい、**nm(ナノメートル**／1nm＝10億分の1メートル) という単位で表します。

電磁波は波長によって性質が変わります。光の他にも、テレビ、ラジオ、携帯電話に利用される電波、レーダーのレーダー波、熱を感じる赤外線、日焼けの原因の紫外線、レントゲンのX線などがあります。

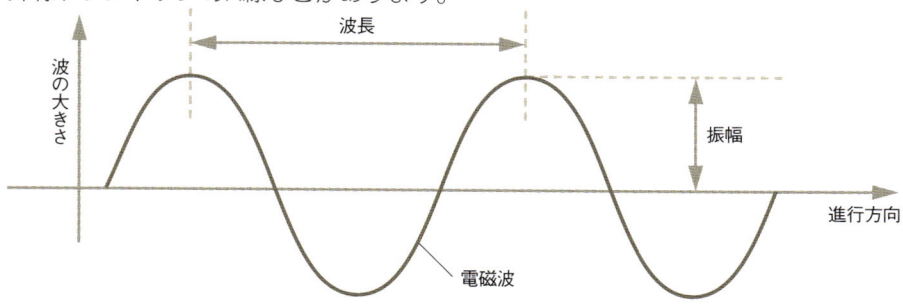

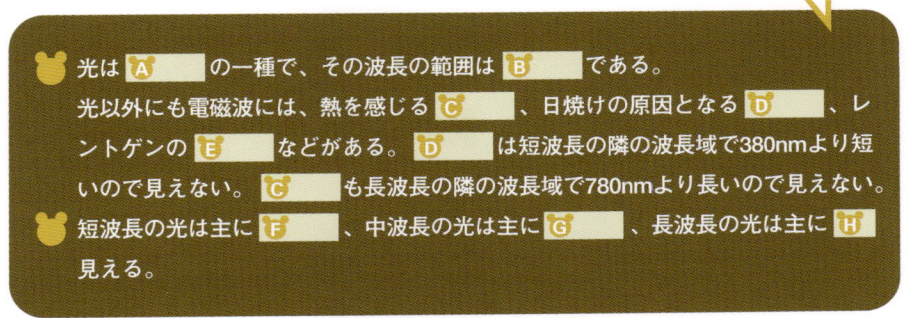

> 覚えたかどうかやってみよう
>
> 🐻 光は A の一種で、その波長の範囲は B である。
> 光以外にも電磁波には、熱を感じる C 、日焼けの原因となる D 、レントゲンの E などがある。 D は短波長の隣の波長域で380nmより短いので見えない。 C も長波長の隣の波長域で780nmより長いので見えない。
>
> 🐻 短波長の光は主に F 、中波長の光は主に G 、長波長の光は主に H 見える。

こたえ A 電磁波 B 380～780nm C 赤外線 D 紫外線 E X線 F 青く G 緑 H 赤く

**可視光（かしこう）** すなわち光とは、眼に見える電磁波なのです。この可視範囲以外の電磁波は見えません（眼に感じることは出来ません）。

可視光の波長範囲は**380～780nm**です。両端を省略して**400～700nm**を、**短波長**（約400～500nm）、**中波長**（約500～600nm）、**長波長**（約600～700nm）の3つに簡略化することもあります。短波長の光は主に青く、中波長の光は主に緑、長波長の光は主に赤く見えます。可視光の波長域の両隣には日焼けの原因となる紫外線と熱を感じる赤外線があります。

**紫外線**は短波長の隣の波長域で380nmより短いので見えません。
**赤外線**は長波長の隣の波長域で780nmより長いのでやはり見えません。

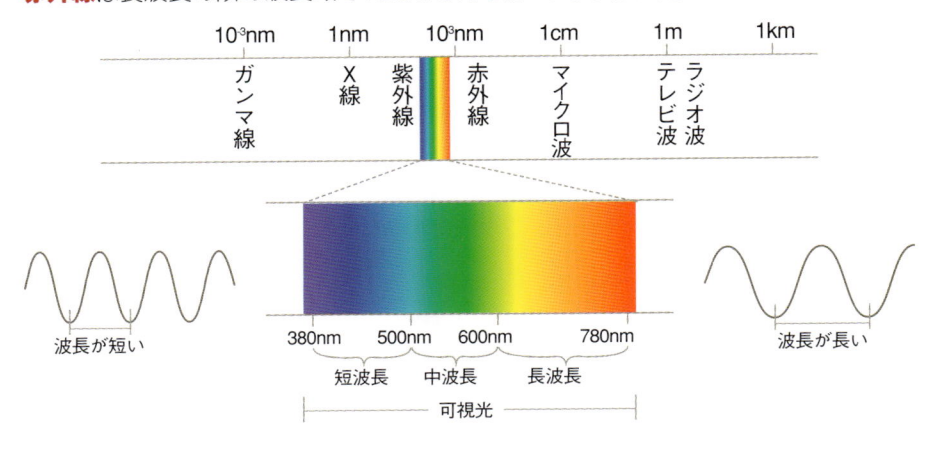

# 3 色の正体

色と光

- 太陽光線のように色を感じさせない無色の光のことを**白色光**という。
- **複合光**とは、波長の違う単色光の集まり。**単色光**とは、それ以上分光しない単一の波長の光のこと。
- 光を波長ごとに分けることを**分光**という。
- **スペクトル**とは、単色光が波長の違いによって並んだ光の色の帯。例えば、長波長側から見ると、**赤、橙、黄、緑、青、藍、青紫**に感じられる。虹がそうである。
- 色は、**光源、物体、視覚（眼）**の3要素が揃って見える。

**白色光** とは、太陽光線のように色を感じさせない無色の光のことです。

**複合光** とは、太陽光線（可視光）のように380nm～780nmの範囲の複数の波長の光が集まったものです。これは、ニュートンの実験によってわかりました。

**単色光** とは、これ以上分光出来ない単一の波長の光のことです。

**分光** とは光を波長ごとに分けることです。17世紀、ニュートンはプリズムを使って太陽光線の分光の実験を行いました。
太陽光線を**プリズム**に通すと、赤、橙、黄、緑、青、藍、青紫の虹のように見える色の帯（**スペクトル**）が現れます。この光を凸レンズを使って再びプリズムを通すともとの無色の光（**白色光**）に戻ります。こうして、光が波長の違う単色光の集まり（**複合光**）であることを実証しました。

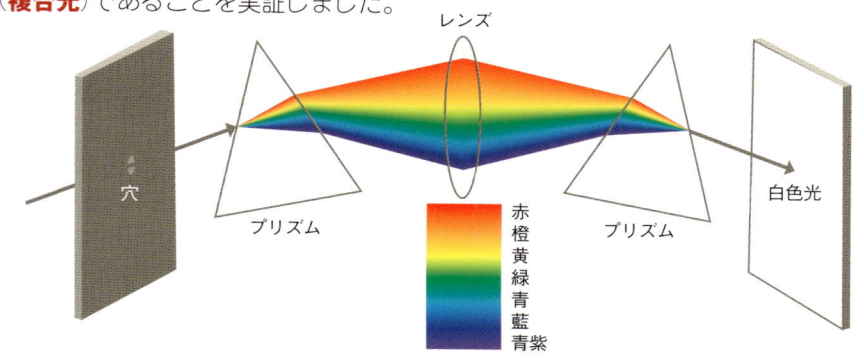

**スペクトル** とは、単色光が波長の順に並んだ色の帯のことです。虹の7色がそうです。実際は7色ではなく無数の色を7色に代表させているのです。

| 青紫 | 藍 | 青 | 緑 | 黄 | 橙 | 赤 |

**分光分布** 光の波長成分を図にしたものを**分光分布**といい、物がその成分（スペクトル）を反射する割合を図にしたものを**分光反射率曲線**といいます。例えば太陽光を分光すると、400〜700nmの波長がほぼ均等に分布し、右図のようになります。

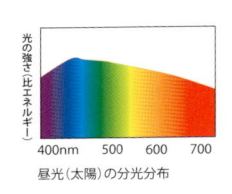

昼光（太陽）の分光分布

**物体の色** の見え方は①リンゴや印刷物のように物の表面に**反射**したり**吸収**して見える色と、②色ガラスや水のように**透過**して見える色があります。色は**光源**、**物体**、**視覚**（**眼**）の3要素が揃ったときに見えます。どれが欠けても見えません。

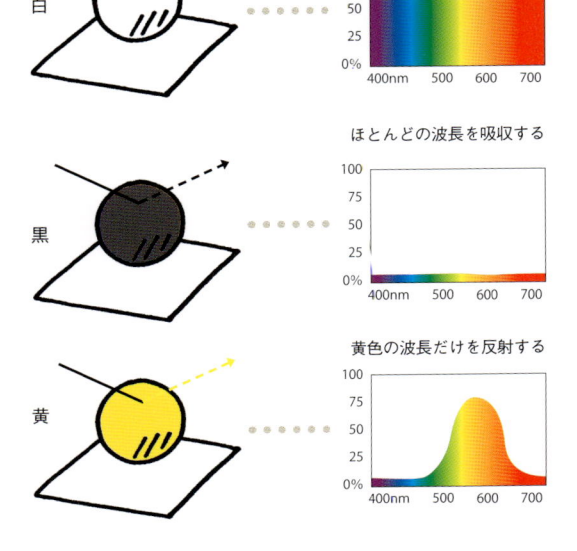

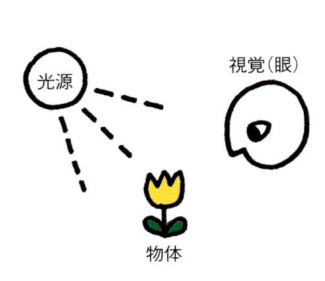

白 — ほとんどの波長を反射する

黒 — ほとんどの波長を吸収する

黄 — 黄色の波長だけを反射する

光源／視覚（眼）／物体

# 3 光が起こす現象　反射、透過、屈折
色と光

- 入射角と反射角が同じ反射を**正反射**（鏡面反射）という。
- **拡散反射**とは、入射した光が様々な方向へ散らばって反射するもので、光沢のないつや消しの表面になる。
- **透過**とは光がものの内部を通過すること。
- **屈折**とは、光が、ひとつの媒質から他の媒質に入るとき、その境界面で折れ曲がること。

**反射** には**正反射**（鏡面反射）と**拡散反射**があります。そして、物体表面では、正反射と拡散反射の2つが同時に起こっています。そのため、物体表面の光沢などの質感の違いが現れるのです。

**吸収** 一部の光は反射せずに吸収され暗く見え、全て吸収されると黒く見えます。

**正反射** とは、入射角と反射角が等しい反射です。鏡面反射ともいいます。鏡のように表面が滑らかであるほど入射光と反射光の方向は一定になります。例えば、よく磨かれた金属はほとんど正反射のみです。

**拡散反射** とは、あらゆる方向に光が反射することです。すべての物の表面は鏡のように滑らかではありません。粗い表面に入射した光は様々な方向に散るように反射します。あらゆる方向に光が反射するので、物体の表面は、石膏の表面のように光沢のないつや消し状になり、明るさはどの方向から見ても同じになります。光沢のない紙などは、ほとんど拡散反射のみです。

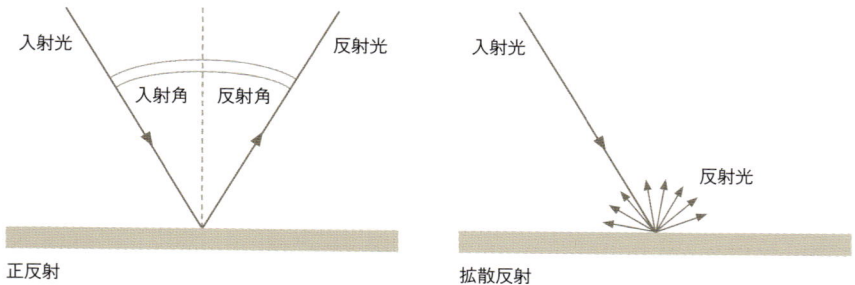

正反射

拡散反射

> 覚えたかどうか
> やってみよう

- 反射には、入射角と反射角が同じ A と、入射した光が様々な方向へ散らばって反射する B がある。 B するものの表面はつや消しの表現になる。
- 光が物の内部を通り抜けることを C という。
- 光がプリズムを通るとスペクトルが現れたり、虹が表れるのは光の D のためである。 D とは光の進行方向が折れ曲がる現象のことだ。

こたえ A 正反射　B 拡散反射　C 透過　D 屈折

**透過** とは光がものの内部を通り抜けることです。透過にも**正透過**と**拡散透過**があります。例えば、光は、透明なガラスなら真っすぐに通り抜けます。これが正透過です。すりガラスでは、光は様々な方向に散らばって出てきます。これが拡散透過です。

入射光　　透過光　　　　　入射光　　透過光

正透過　　　　　　　　　拡散透過

**屈折** とは、光が、ひとつの媒質から他の媒質に入るとき、その境の面で進路が変わることです。例えば、光が空気中から水に入ったり、プリズムに入ったときなどに起きる、光の進行方向が折れ曲がる現象のことです。
光の折れ曲がる角度（屈折率）は波長によって違い、長波長は屈折が小さく、短波長は大きくなります。光がプリズムを通るとスペクトルが現れるのはこのためです。虹も空中の水滴に太陽光が屈折した現象です。

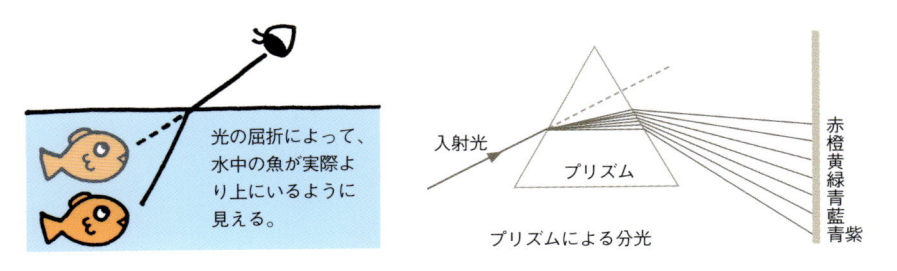

光の屈折によって、水中の魚が実際より上にいるように見える。

入射光　　プリズム　　赤橙黄緑青藍青紫

プリズムによる分光

## 3 光が起こす現象　干渉、回折、散乱
色と光

- 干渉とは波長の山の位置が重なったり、山と谷の位置が重なったりする現象。貝殻やシャボン玉が揺らぐ虹色に見えるのも干渉のため。
- 回折とは光が物体の縁にあたったときに、その後ろに回り込むように進む現象。CDの表面が角度によっていろいろな色に見えるのは回折のため。
- 散乱とは光が大気中の微粒子などにぶつかり四方八方に散らばること。青空の青や夕焼け空が赤いのは光の散乱のため。

**干渉**とは、光の波と波が重なり合う現象のことです。水面の油膜や**シャボン玉**に見られる虹色のような揺らぐ模様は、この光の干渉によるものです。
波長の山と山が重なると互いを強め合う干渉となって波の振幅が大きくなり、光は明るく見えます。山と谷が重なると互いを弱め合う干渉になり、光は暗く見えます。

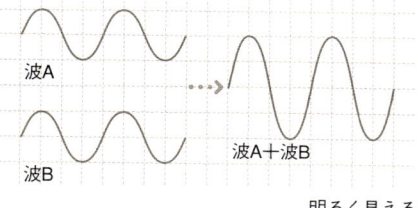

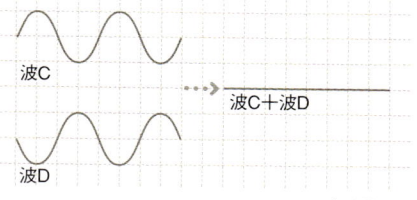

波A
波B
波A＋波B
明るく見える

波C
波D
波C＋波D
暗く見える

**回折**とは、光が物体の縁にあたったとき、その後ろに多少回り込む現象のことです。回折の度合いは、長波長は大きく、波長が短いほど小さくなります。ＣＤの表面に虹色が現れるのは、ＣＤ表面の細かい凸部で反射した光が回折して広がっていくからです。

> 覚えたかどうか
> やってみよう

次の文章のうち正しい文には○、誤りのある文には×をつけなさい。
**A** シャボン玉の虹のような模様は主に干渉によるものだ。
**B** 青空が青いのも、夕焼け空が赤いのも光の散乱が関係している。
**C** 赤い光は青い光に比べて遠くまで届く。
**D** 波長が長い光ほど散乱しやすい。
**E** CD表面に虹色が見えるのは、表面の細かい凸部で反射した光が回折するからだ。

こたえ **A**○ **B**○ **C**○ **D**× **E**○

**散乱** とは、大気中の塵や水蒸気などの微粒子に光があたり、いろいろな方向に散らばる現象です。晴れた日の空が青く見えるのも、夕焼け空が赤く見えるのも散乱によるものなのです。

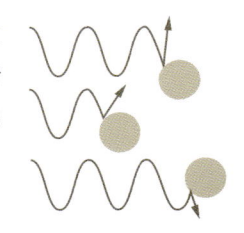

## 青空と夕焼け

青空は短波長の光の青が空中の微粒子にぶつかって散乱しているので青いのです。波長の短い光ほど微粒子にぶつかりやすいのです。夕焼けが赤いのは、夕方は太陽の高度が低くなり、光が大気中を横切る距離が長くなります。微粒子にぶつかりにくい波長の長い光（赤）だけが届くので、夕焼けは赤いのです。

雲や霧が白いのは、水滴が微粒子に比べて大きいため、すべての波長の光が散乱するからです。宇宙空間が暗黒なのは、大気がなく、ぶつかるものがないので光が散乱しないからです。

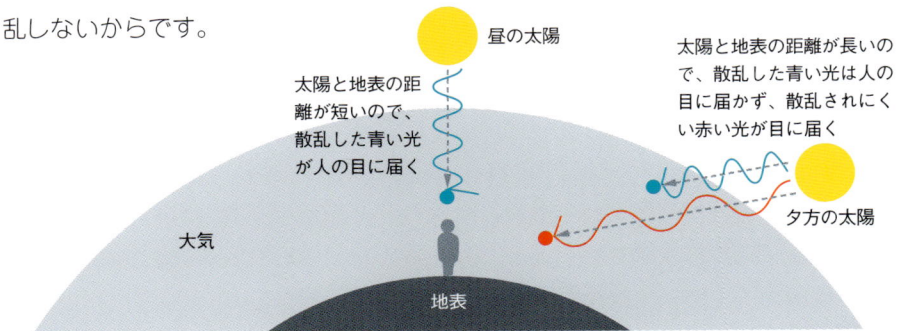

昼の太陽
太陽と地表の距離が短いので、散乱した青い光が人の目に届く

太陽と地表の距離が長いので、散乱した青い光は人の目に届かず、散乱されにくい赤い光が目に届く

夕方の太陽

大気
地表

# 3 眼のしくみ　構造と働き
### 色と光

- 角膜で屈折して集められた光は、虹彩で瞳孔の大きさが変えられて眼に入る量が調整される。瞳孔は明るいと小さく、暗いと大きくなる。水晶体は焦点の微調整を行う。遠くのものを見るときは小さく（薄く）なり、近くのものを見るときは大きく（厚く）なる。
- 視神経が束ねられた視神経乳頭には像が結ばれても見えないので盲点（マリオットの暗点）といわれる。
- 順応には暗順応、明順応、色順応がある。明るい所で錐体（P.51）が働き、色がよく見える状態を明所視、暗い所で杆体（P.51）が働いている状態を暗所視という。

**視覚**　光は眼を通って脳に送られて組み立てられ、色や形として感じ取られます。そのしくみを視覚といい、聴覚や味覚などの5感の中でも最も重要です。

**強膜**は眼球の一番外側の部分。いわゆる白目です。外光を遮断し、眼球を覆って眼球が破壊されることから守っています。

**脈絡膜**は眼球全体に栄養を補給する役目があります。

**角膜**は黒目の部分。光を屈折して網膜に像を結ぶ働きをします。

**虹彩**は、瞳孔の大きさを変えて眼に入る光の量を調整します。

**瞳孔**とは虹彩の中央にあいた穴、つまり瞳のことです。瞳孔は明るいと小さく、暗いと大きくなります。

**水晶体**は厚みを変化させることで焦点を合わせる微調整を行います。水晶体を引っ張る**毛様体**という筋の基部にある**毛様体筋**の収縮で厚みを調整します。遠くのものを見るときは小さく（薄く）なり、近くのものを見るときは大きく（厚く）なります。

**視神経**とは、網膜から脳へ視覚情報を伝える電話線のような役割をする神経です。

**毛様小帯**　水晶体を引いてピントを合わせるための繊維群。

**視神経乳頭**とは視神経が束ねられて眼球から出て行く部分です。この部分には網膜がないので、この部分に像が結ばれても見えません。そのため、**盲点**（マリオットの暗点）とも呼ばれます。

**黄斑**　中心窩の脇にある色の濃い部分で、色みを感じ取る錐体（コーン）が集中している。

### 闘牛は赤い布が見えない

人間の視細胞にある錐体はRGBの3種があって、色相を見分けています。しかし、犬や牛などのほとんどの**ほ乳類は2種類**しかないので、ヒトと同じ赤色に見えていないようです。イカやタコは1種類なので、モノクロ状態です。一方、**鳥や爬虫類は4種類**の錐体があり、ヒトより、よく見えているようです。

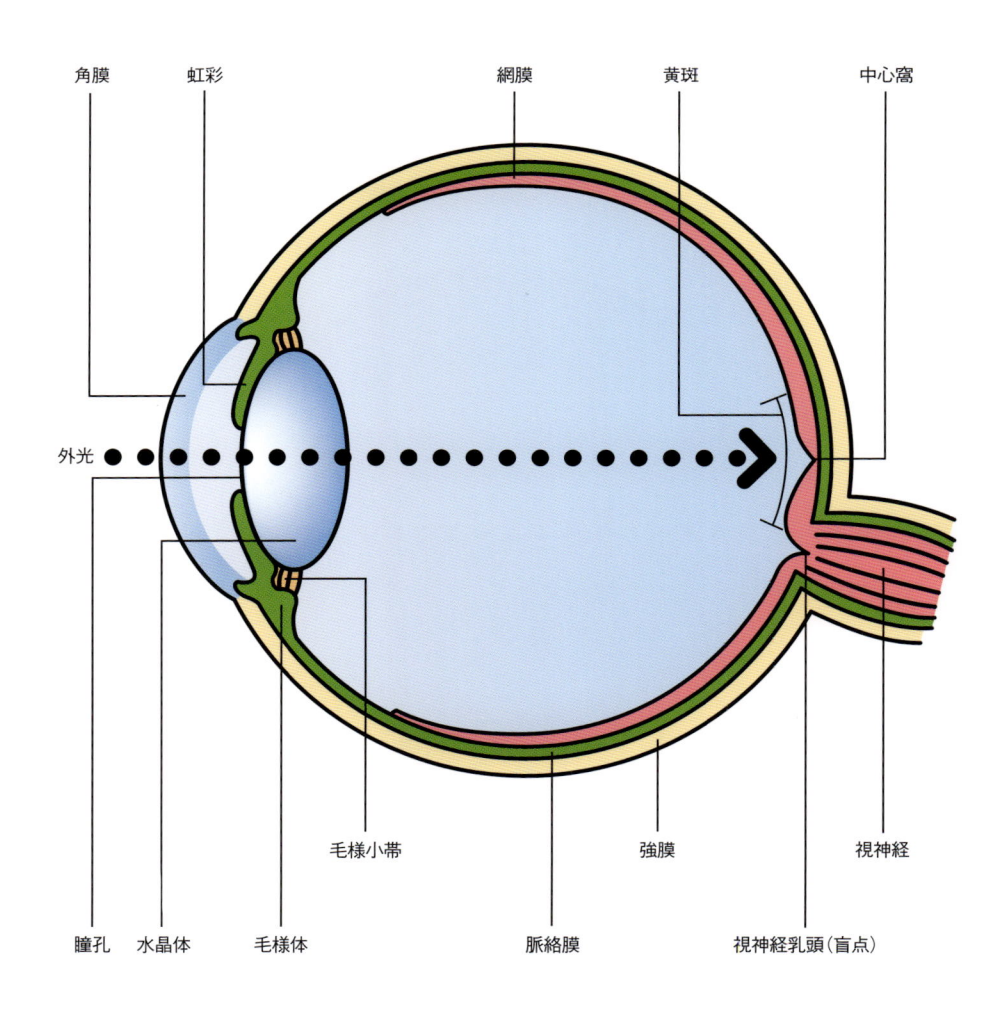

角膜　虹彩　網膜　黄斑　中心窩

外光

瞳孔　水晶体　毛様体　毛様小帯　脈絡膜　強膜　視神経乳頭（盲点）　視神経

# 3 眼のしくみ　網膜

色と光

- 🐻 網膜には、光を感じる組織の視細胞がある。視細胞には杆体と錐体がある。
- 🐻 暗い所で働き、明るさに反応する杆体は、中心窩の周辺に分布している。
- 🐻 明るい所で働き、色に反応する錐体は、中心窩に集中している。
- 🐻 網膜にはいくつかの細胞の層がある。水平細胞は視細胞同士の連絡をとり、神経信号を調整し、双極細胞は光があたったり、消えたことを伝える。アマクリン細胞は双極細胞からの信号の強度調整を行い、神経節細胞で最終的な情報処理が行われる。

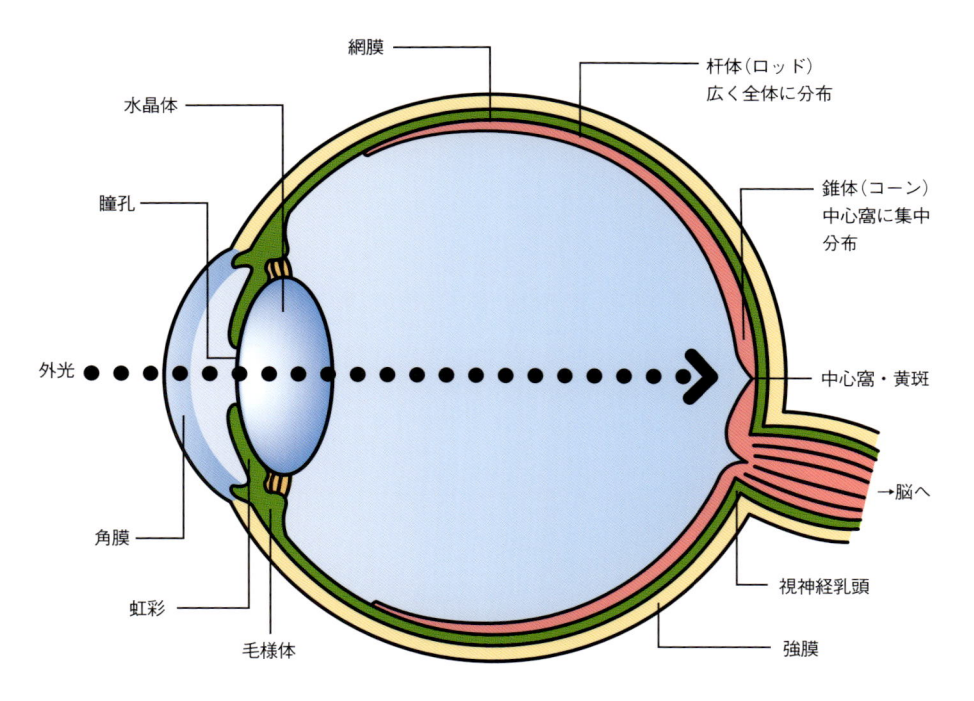

図：眼球の断面図
- 水晶体
- 瞳孔
- 外光
- 角膜
- 虹彩
- 毛様体
- 網膜
- 杆体（ロッド）広く全体に分布
- 錐体（コーン）中心窩に集中分布
- 中心窩・黄斑
- →脳へ
- 視神経乳頭
- 強膜

**網膜**には光を感じる視細胞などがあり、眼球の中で最も重要な働きをします。光は角膜から瞳孔→水晶体を通って網膜にあたります。そして、網膜にある細胞が光の刺激を電気信号に変え、視神経を通って脳に伝えられるのです。

網膜の中心部分には**中心窩**というくぼみがあります。視細胞が密集し、網膜の中で最も色や形がよく見える部分です。

## 網膜の構造

網膜はいくつかの細胞の層で出来ています。

**杆体**と**錐体**は網膜にある2種類の**視細胞**です。杆体は約1億2000万個、錐体は600〜700万個あるといわれています。**杆体**は**暗い所で働き**、**明るさに反応**します。杆体は網膜全体と、中心窩の周辺に多く分布しています。**錐体**は**明るい所で働き**、**色みに反応**します。中心窩に集中して分布しています。

錐体は、**L錐体**(LはLong)、**M錐体**(MはMiddle)、**S錐体**(SはShort)の3種類に分けられます。L錐体は長波長(赤)に反応し、M錐体は中波長(緑)に反応し、S錐体は短波長(青)に反応します。この3種類の錐体の反応の違いで、色を認識しているのです。このことは、私たちの色感覚がR・G・Bの3種で構成されていることを意味します。

## 杆体と錐体

**水平細胞**は、視細胞同士の横の連絡をとります。
**双極細胞**は、視細胞と神経節細胞をつなぎます。
**アマクリン細胞**は、神経節細胞同士を結びます。
**神経節細胞**で最終的な情報処理が行われ、視神経をへて大脳に伝えられます。
**色素上皮層**は、網膜の最奥になります。

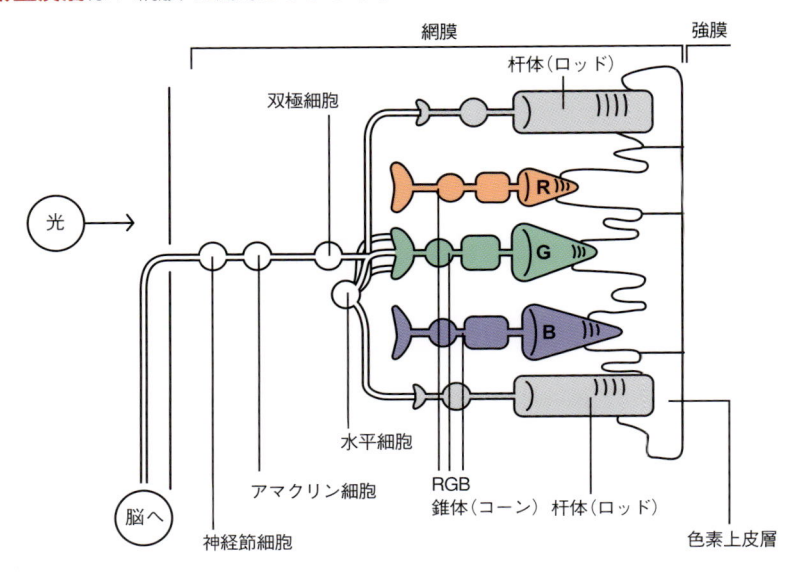

# 3 照明と色の見えかた
色と光

- 物に光をあてることを**照明**といい、その光のもとを**光源**といいます。
- **照明光**には**自然光（太陽光）**と**人工光**があり、昼間の太陽光を**昼光**ともいいます。
- 人工光には、**白熱電球**や**蛍光ランプ**、**水銀ランプ**、**ろうそく**などがあります。

**昼光（太陽光）**では自然な色の見えかたになります。青、緑、黄、赤の成分がほぼ均等に含まれているからです。

昼光の分光分布

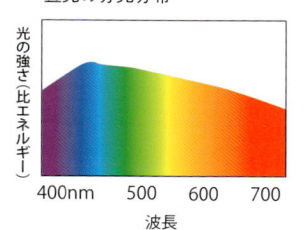

**昼光（太陽光）**
自然な見えかた

**白熱電球**では、黄みや赤みを帯びて見えます。青や緑の成分が少なく、赤みの成分が多いためです。

白熱電球の分光分布

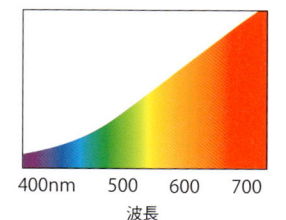

**白熱電球**
黄み赤みを帯びて見える

**蛍光ランプ（昼白光）** では、少し青っぽく見えます。昼光と比較すると赤みの成分が少ないからです。

**蛍光ランプ（昼白光）**
青っぽく見える

蛍光ランプの分光分布

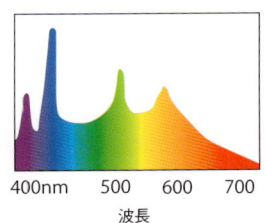

400nm　500　600　700
波長

**水銀ランプ** は、街灯などによく使われています。緑っぽく見えます。赤の成分が極端に少ないので、赤系統の色再現がとても悪いからです。

**水銀ランプ**
緑っぽく見える

水銀ランプの分光分布

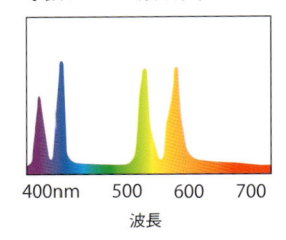

400nm　500　600　700
波長

# 4 混色
## 色で色をつくる

## 4 混色の種類

- 2色以上の色を混ぜ合わせて別の色をつくることを**混色**という。
- 混色には、大きく分けて色光の混色である**加法混色**と色料の混色である**減法混色**がある。
- **原色**とは混色ではつくり出せない色のこと。加法混色にも、減法混色にもそれぞれ三原色という、あらゆる色をつくるもととなる3つの原色がある。それをそれぞれ**加法混色の三原色**、**減法混色の三原色**という。

**混色**とは、2色以上の色を混ぜ合わせて別の色をつくることです。大きく分けて**加法混色**と**減法混色**があります。

加法混色とは色光の混色で、減法混色とは色料の混色です。混色にはそれぞれ、あらゆる色をつくるもととなる3色があり、それを**三原色**といいます。加法混色には**加法混色の三原色**、減法混色には**減法混色の三原色**があります。

```
混色 ─┬─ 加法混色 ─┬─ 同時加法混色 ── 色光、ライトアップ
      │            │
      │            ├─ 併置加法混色 ── カラーテレビ、
      │            │                  織物、点描
      │            │
      │            └─ 継時加法混色 ── コマ
      │
      └─ 減法混色 ──────────────────── 印刷物、絵画
```

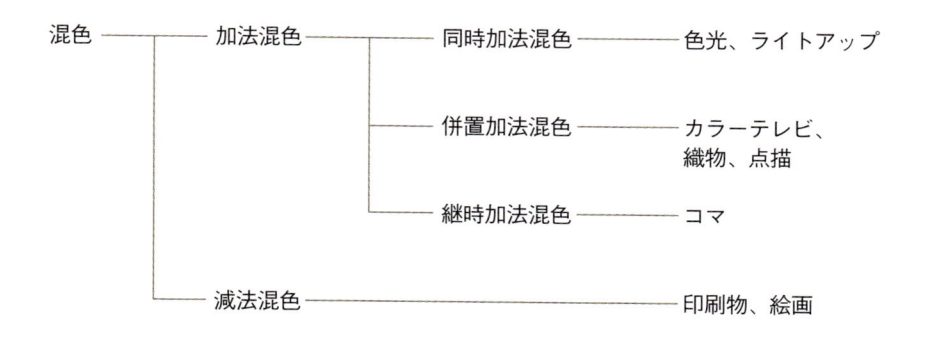

**補色** 加法混色の三原色（RGB）と減法混色の三原色（CMY）は、色相の反対の色を混色すると無彩色になります。その反対の色を**補色**といいます。

> 覚えたかどうか
> やってみよう

- 2色以上の色を混ぜ合わせて別の色をつくることを A という。
- 混色には色光の混色である B と色料の混色である C がある。
- B には加法混色の三原色があり、それは D の3色である。
- C には減法混色の三原色があり、それは E の3色である。

こたえ A 混色　B 加法混色　C 減法混色　D 赤、緑、青（順不同）　E 青緑、黄、赤紫（順不同）

**加法混色の三原色**とは、色のついた光（色光）を混色するときの三原色です。カラーテレビやパソコンの画面などはこれを利用しています。

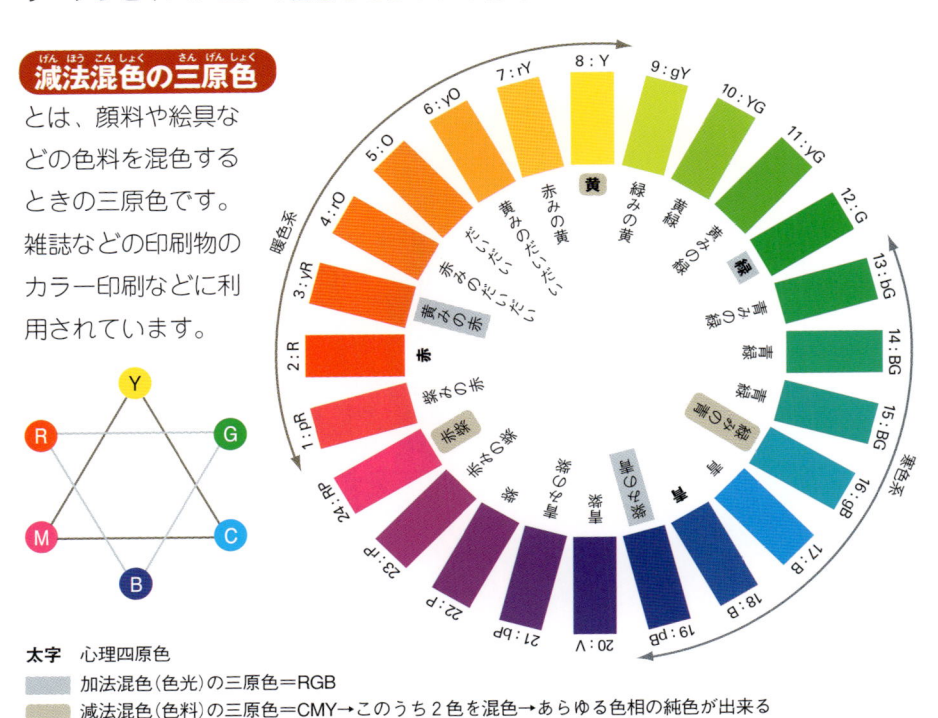

**減法混色の三原色**とは、顔料や絵具などの色料を混色するときの三原色です。雑誌などの印刷物のカラー印刷などに利用されています。

**太字**　心理四原色

加法混色（色光）の三原色＝RGB
減法混色（色料）の三原色＝CMY→このうち2色を混色→あらゆる色相の純色が出来る

# 4 加法混色
混色

- 同時加法混色とは色光の混色のこと。加法混色の三原色はR（赤：レッド）、G（緑：グリーン）、B（青：ブルー）で、3色すべてを混色すると白になる
- 加法混色には同時加法混色と継時加法混色と併置加法混色がある。
- 色を塗った円盤を高速で回転させると起きる混色を継時加法混色という。
- 併置加法混色とは、並んだ細かい色の点を遠くから見た際に起こる混色をいう。テレビや印刷の原理に活用されている。

**同時加法混色** とは、色光の混色のことです。1つの照明で照らすより2つの照明で照らした方が明るくなるように、色光は混色するほど明るさがもとの色より明るくなります。**加法混色の三原色**があれば、色光の強さを調整することですべての色がつくれます。また、**3色すべてを混色すると白**になります。全く色（光）のない状態は黒です。

**加法混色の三原色** とは、**赤（レッド）**、**緑（グリーン）**、**青（ブルー）**とも、その頭文字をとって「**R・G・B**（アールジービー）」ともいいます。
RとBを混色するとMになり、BとGではCができ、RとGではYができます。
また、Rの反対側にあるCを混色すると白になります。建物や橋に色光を当てるライトアップはこの加法混色で色を出します。

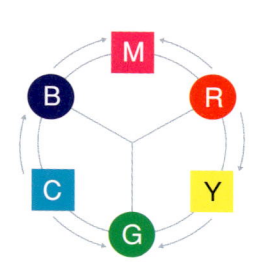

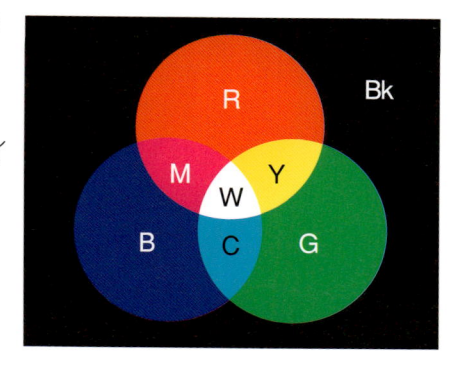

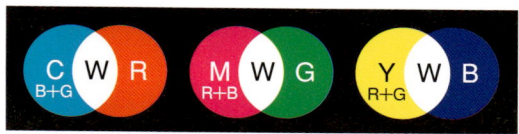

60

**覚えたかどうかやってみよう**

- 色光の混色のことを A という。加法混色の三原色の3色すべてを混色すると、 B になる。
- 色を塗った円盤を高速で回転させると起きる混色を C という。
- 細かい点を並べたことで起こる混色を D という。
- 赤と緑を混色すると E になる。
- 緑と青を混色すると F になる。
- 青と赤を混色すると G になる。

こたえ　A 同時加法混色　B 白　C 継時加法混色　D 併置加法混色　E 黄（イエロー）　F 青緑（シアン）　G 赤紫（マゼンタ）

**継時加法混色**とは、コマやレコードのような円盤状のものを複数の色で扇形に塗り、高速で回転させると目の中（網膜）で混色してひとつの新しい色に見える。これを**回転混色**といいます。

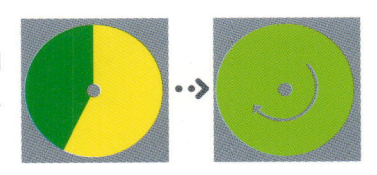

**併置加法混色**とは、遠くから見ると混色して見える、色の併置によって起こる混色です。

色の細かい点を並べて描いたものを遠くから見ると、個々の色の点が目（網膜）で混色され新しい色に見えます。これを利用したのがスーラに代表される点描画法です。また、異なる色の縦糸と横糸で織った布も離れて見ると混色された色に見えます。

併置加法混色の例：点描画法（スーラ　「グランド・ジャット島の日曜日の午後」）

併置加法混色の例：布

# 4 減法混色　混色の応用

- 🐻 **減法混色**とは色料の混色のこと。
- 🐻 **減法混色の三原色**は、**C**（青緑：**シアン**）、**M**（赤紫：**マゼンタ**）、**Y**（黄：**イエロー**）で、3色すべてを混色すると**黒**になる。
- 🐻 カラーテレビは**併置加法混色**を利用している。
- 🐻 カラー写真は**減法混色**が使われている。
- 🐻 カラー印刷は**減法混色**と**併置加法混色**を併用している。

**減法混色** とは、色料の混色。例えば、絵具はたくさん色を混ぜれば混ぜるほど暗い色になっていきます。着色されたフィルターも重ねていくほど、重なった部分は暗くなっていきます。このように、色料の混色は、混色される色が多くなればなるほど暗い色になっていきます。

**減法混色の三原色**を混色すると理論上は黒ですが、現実には暗い灰色です。そのため、カラー印刷やカラーコピーでは黒のインクも使い、白は紙の白さを利用します。

**減法混色の三原色** は青緑（C：**シアン**）、赤紫（M：**マゼンタ**）、黄（Y：**イエロー**）の3色。略して「**C・M・Y**（シーエムワイ）」ともいいます。

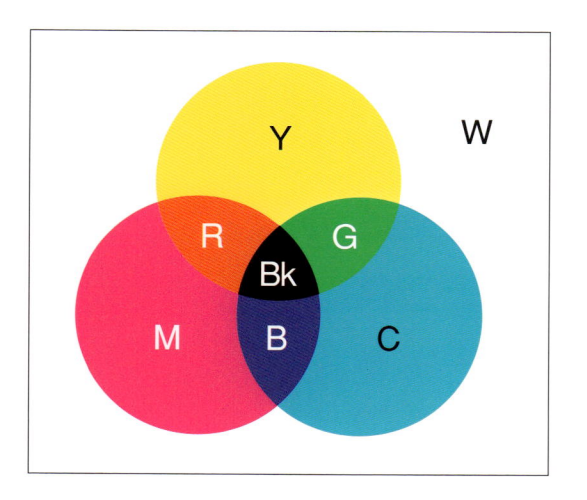

## 加法混色と減法混色の関係

加法混色の三原色と減法混色の三原色には関係があります。加法混色の三原色の2色を混色すると減法混色の三原色のうちのひとつになり、減法混色の三原色のうちの2色を混ぜると、加法混色の三原色のうちのひとつになります。

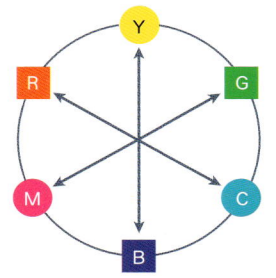

レッド（R）＋グリーン（G）＝イエロー（Y）
グリーン（G）＋ブルー（B）＝シアン（C）
ブルー（B）＋レッド（R）＝マゼンタ（M）

イエロー（Y）＋マゼンタ（M）＝レッド（R）
シアン（C）＋イエロー（Y）＝グリーン（G）
マゼンタ（M）＋シアン（C）＝ブルー（B）

向かいの色同士は　●：減法混色の三原色
物理補色　　　　　■：加法混色の三原色

加法混色の三原色の混色で減法混色の三原色が、減法混色の三原色の混色で加法混色の三原色がつくれるのですが、それぞれ、混色のルールが違うので、同じ色を混色しても色は違ってきます。例えば、ブルーとイエローを減法混色すると黒に、加法混色では白に近い色になります。

## 混色を利用したテクニック

**カラーモニタ**は**併置加法混色**によって色をつくっています。画面をルーペで見ると赤、緑、青の小さな光の点がぎっしりと並んでいます。

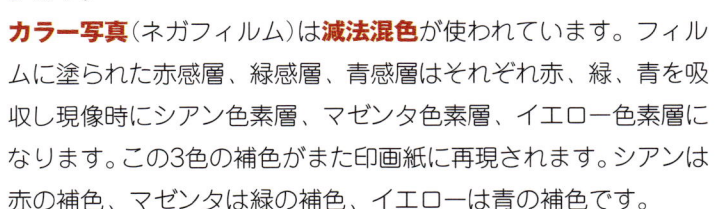

**カラー写真**（ネガフィルム）は**減法混色**が使われています。フィルムに塗られた赤感層、緑感層、青感層はそれぞれ赤、緑、青を吸収し現像時にシアン色素層、マゼンタ色素層、イエロー色素層になります。この3色の補色がまた印画紙に再現されます。シアンは赤の補色、マゼンタは緑の補色、イエローは青の補色です。

**カラー印刷**は**減法混色**と**併置加法混色**が使われています。カラー印刷では網点という小さな色の点の大きさや密度の配列でいろいろな色を再現しています。インクはシアン、マゼンタ、イエローに加えて黒、そして白は紙の白を利用しています。

# 5 色の見えかた
## 色の視覚的な効果

# 5 色の対比の種類
色の見えかた

- **色対比**とは、ある色が他の色の影響を受けて、本来の色とは少し違った見え方をすること。**同時対比**と**継時対比**がある。
- **同時対比**とは、2つの色を同時に見るとそれぞれを単独で見るときとは違った見え方をすること。
- **継時対比**とは、ある色を見つめた後、白い紙などを見るとその色の心理補色が残像として見えること。

**色対比** とは、ある色が他の色の影響を受けて、本来の色とは少し違った見え方をすることです。色の対比は**同時対比**と**継時対比**の2つに分けられます。
対比といえば、同時対比のことを指すことが多いです。

**同時対比** とは、2つの色を同時に見ると双方の色が影響し合って、それぞれを単独に見るときとは違った色に見える現象です。
同時対比には、**色相対比／明度対比／彩度対比**と、**補色対比／縁辺対比**があります。

①地色（背景色）と図色（柄色）の関係　②色と色が隣接している場合

同時に見るとは、
①地色（背景色）と図色（柄色）の関係
②色と色が隣接している場合
があり、①の方が対比の効果はあります。

**継時対比** とは、ある色をしばらく見つめた後、白い紙などに目を移すと、今まで見ていた色の反対の色（**心理補色**）が残像として見えることです。心理補色が残像として見えるこの現象を**補色残像**または**負の残像**といいます。

左の赤色をジッと見つめた後、×印を見ると左の赤色の補色の緑が残像として見えます。

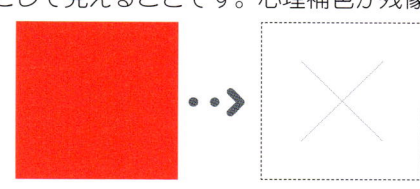

## 色の見えかた
# 色相対比

> 2色色相の異なる配色で、図色の色みが地色の影響を受け、地色の心理補色の方向に少し寄って見える現象を**色相対比**という。

図色が、白背景で見たときよりも青みに寄って見えているのはどれか。

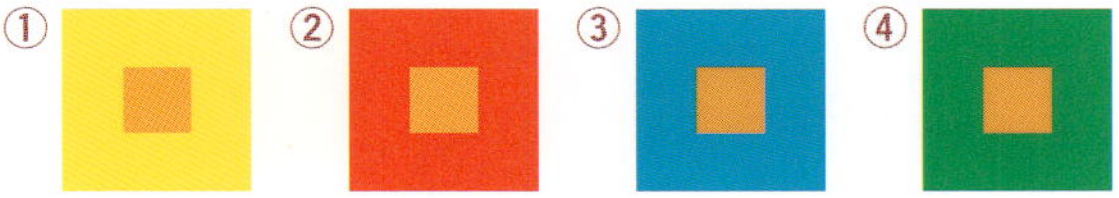

① ② ③ ④

こたえ ②

**色相対比**とは、周囲の色の影響を受けて、本来の色と色みが違って見える現象です。図色が、地色(背景色)の補色残像に影響され、地色(背景色)の心理補色の方向へ少し寄って見えます。

地色(背景色)と図色(図柄)の面積比が大きいほどその効果は大きくなります。

図色 v10

地色 v8

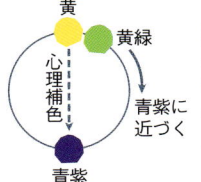

図色黄緑は地色黄の心理補色である青紫が重なって、青みに寄って見える

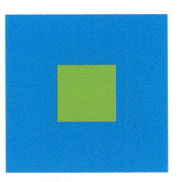

地色 v17

図色黄緑は地色青の心理補色である橙が重なって、黄みに寄って見える

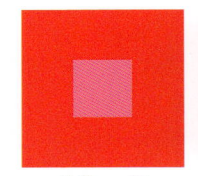

図色 b24

地色 v19
図色赤紫は地色赤の心理補色である青緑が重なって、青みによって見える

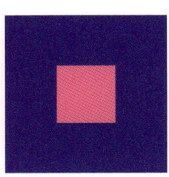

地色 v21
図色赤紫は地色青紫の心理補色である黄が重なって、黄みによって見える

地色 v17
図色赤紫は地色青の心理補色である橙が重なって、黄みによって見える

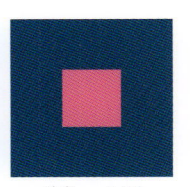

地色 dk17
地色が左図と同じ青だが、彩度が低いので対比効果が弱く、左図と比べて黄味が弱い

# 5 明度対比

### 色の見えかた

> 周りにある色との明度差によって、ある色の明度が高く見えたり、低く見えたりする現象を**明度対比**という。

中央の色の明度が高く見える地色はどれか。 ① ② ③ ④

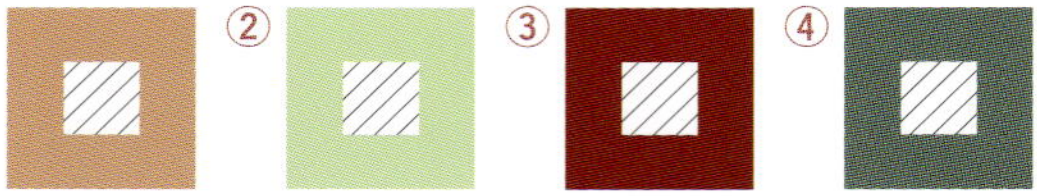

こたえ　③

**明度対比**とは、周囲にある色との明度差によって明度が強調され、実際よりも明るく見えたり暗く見えたりする現象です。

地色を暗くすると、図色は、明度の高い色（明るい色）はより明度が高く（明るく）、明度の低い色（暗い色）はより明度が低く（暗く）見えます。

地色　Gy-8.5　図色より明るい色

図色　Gy-5.5

地色　Gy-2.5　図色より暗い色

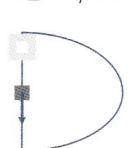

明るいグレイを背景にしたグレイは明度差が強調され、本来より暗く見える

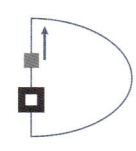

暗いグレイを背景にしたグレイは明度差が強調され、本来より明るく見える

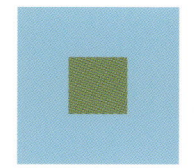

図色　d10

地色　p16
背景が明るい色なので図色は暗く見える

地色　dk16
背景が暗い色なので図色は明るく見える

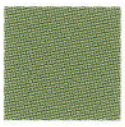

地色　p4
背景が明るい色なので図色は暗く見える

地色　dkg4
背景が暗い色なので図色は明るく見える

**色の見えかた**
# 彩度対比

> 周囲の色の影響を受けて、ある色の彩度が高く見えたり低く見えたりする現象を彩度対比（さいどたいひ）という。

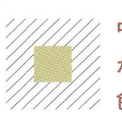

中央の色の彩度が高く見える地色はどれか。　① ② ③ ④

こたえ　③

**彩度対比（さいどたいひ）** とは、周囲の色の影響を受けて、彩度が高く見えたり低く見えたりする現象です。

地色（背景色）が図色（図柄の色）より彩度が高い場合は、図色の彩度は低く見え、地色が図色より彩度が低い場合は、図色の彩度は高く見えます。地色の彩度と反対方向に図色の彩度が変化して見えるわけです。

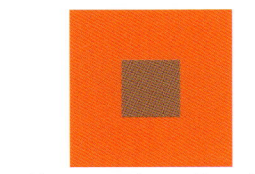

地色　v2　図色より鮮やかな色 
図色　d3 
地色　g3　図色より鈍い色

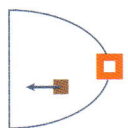

図色の鈍い赤は、地色の鮮やかな赤の影響で彩度が低く見える

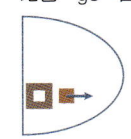

図色の鈍い赤は、地色の灰みの赤の影響で彩度が高く見える

地色　v10
背景色が鮮やかなので図色は彩度が低く見える

地色　g10
背景色の彩度が低いので図色は鮮やかに見える

図色　sf6

地色　v6
背景色が鮮やかなので図色は彩度が低く見える

地色　ltg6
背景色の彩度が低いので図色は鮮やかに見える

## 5 色の見えかた 補色対比

> 補色関係の色を組み合わせた場合、互いの彩度が高く見える現象を**補色対比**という。

右の配色の中から、補色対比になっているものを選べ。　① ② ③ ④

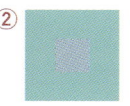

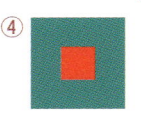

こたえ　④

**補色対比**とは、補色関係の色を組み合わせると互いの彩度が高く見える現象。**補色による彩度対比**ともいう。

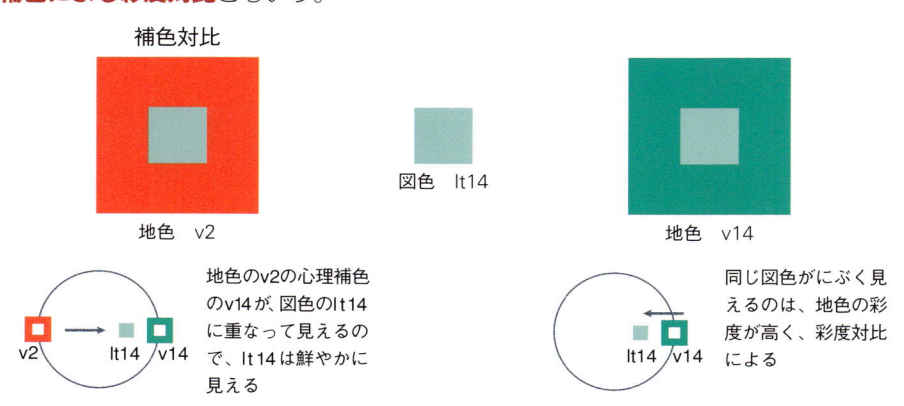

補色対比

図色　lt14
地色　v2
地色　v14

v2 → lt14　v14
地色のv2の心理補色のv14が、図色のlt14に重なって見えるので、lt14は鮮やかに見える

lt14　v14
同じ図色がにぶく見えるのは、地色の彩度が高く、彩度対比による

2色とも高彩度で明度差のない組み合わせは、より対比効果が大きくなりますが、**ハレーション**を起こしやすくなります。

危険

例えば、赤と青緑の配色は、2色とも彩度が高く見え、さらに、2色の境界部分はちらちらとしています。これがハレーションです。目立つ配色ですが、看板などに使うと文字が読みづらいことがあります。

## 色の見えかた
# 縁辺対比

色と色が接する境目付近に現れる明度差が強調されて感じられる対比現象を**縁辺対比**という。

隣接する2色の縁に起きる対比効果を **A** という。**A** は **B** が縁の部分で起こっているものだ。Gy-7.5とGy-4.5が接しているときその境目付近のGy-7.5は本来より **C** 、Gy-4.5は本来より **D** 見える。

こたえ **A** 縁辺対比 **B** 明度対比 **C** 明るく **D** 暗く

**縁辺対比** とは、色と色が接する境目付近に起こる対比現象。明度差が強調されて感じられます。
明度の高い色（明るい色）と接している境目付近は暗く見え、明度の低い色（暗い色）と接している境目付近は明るく見えます。

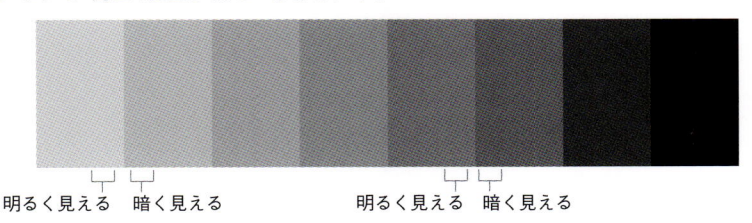

明るく見える　暗く見える　　　明るく見える　暗く見える

# 5 色の同化の種類
色の見えかた

- **同化効果**とは、ある色が周囲の色の影響で周囲の色に似て見える現象。**色の同化**ともいう。同化現象は色相、明度、彩度それぞれに現れる。
- **色相の同化**とは色と色とが近づいて見える現象。**明度の同化**とは、高明度に囲まれた色は明るく、低明度の色に囲まれた色は暗く見える現象。
- **彩度の同化**とは高彩度の色に囲まれた色は高彩度に、低彩度の色に囲まれた色は低彩度に見える現象。

**同化効果**とは、ある色が周囲の色の影響を受けて、周囲の色に似て見える現象。**色の同化**ともいいます。

この現象は、図柄が細かく、線が細いほど、そして、配色された色の色相と明度が近いほど起こりやすくなります。同化現象は色相、明度、彩度のそれぞれに現れます。**対比**効果を離れた所から見ると**同化**効果、さらに離れて見ると**混色**に見えます。

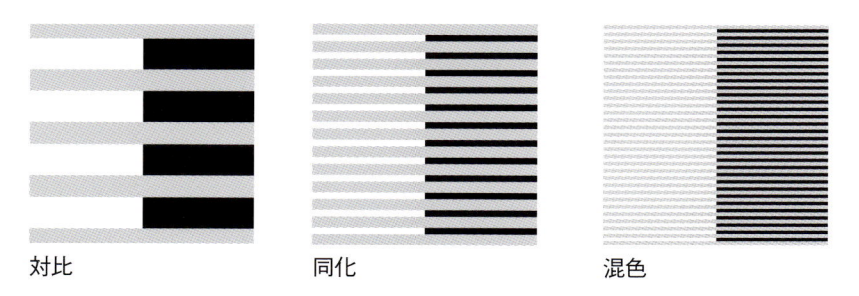

対比　　　　同化　　　　混色

**色相の同化**とは、ある色が囲まれた色に同化して見える現象。色相関係が近いほど起こりやすくなります。

黄色の線が、オレンジ色の背景色の部分ではオレンジがかって見え、黄緑の部分では緑がかって見える

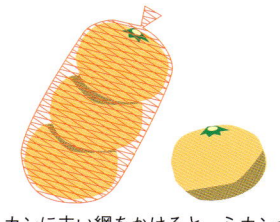

ミカンに赤い網をかけると、ミカンが赤みを帯びてオレンジ色が強調され、おいしそうなイメージを抱かせる

> 覚えたかどうか
> やってみよう

🐻 下の配色で、🅐 色相の同化、🅑 彩度の同化、🅒 明度の同化になっているものはどれか。

① ② ③ ④

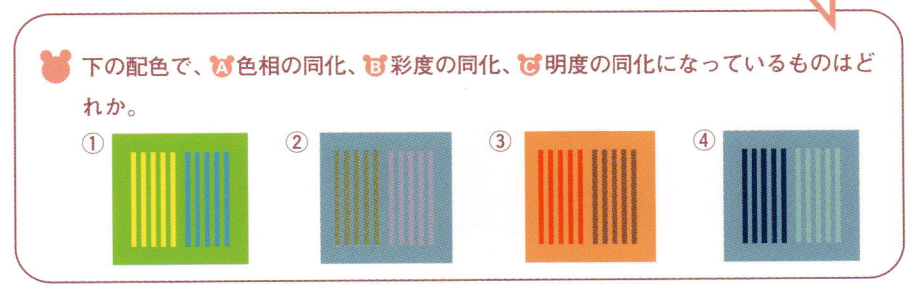

こたえ 🅐① 🅑③ 🅒④

**明度の同化** とは、明度の高い色に囲まれた色は明るく、明度の低い色に囲まれた色は暗く見える現象。明度対比とは逆の見え方です。

地色

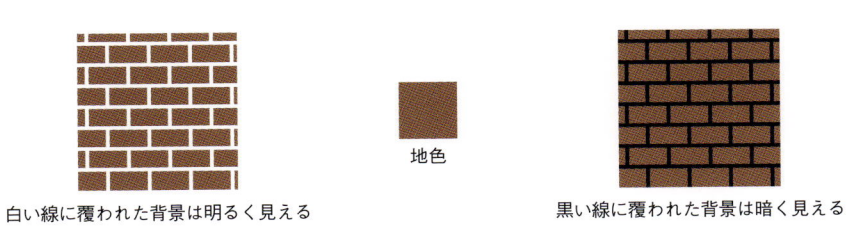

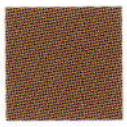

白い線に覆われた背景は明るく見える

黒い線に覆われた背景は暗く見える

**彩度の同化** とは、彩度の高い色に囲まれた色は彩度が高く、彩度の低い色に囲まれた色は彩度が低く見える現象。彩度対比とは逆の見え方です。

地色

低彩度の緑に囲まれた青の線は、彩度が低く見える

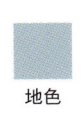

高彩度の緑に囲まれた青の線は、彩度が高く見える

# 5 色陰現象
色の見えかた

> 色陰現象とは、有彩色に囲まれたグレイに、有彩色の心理補色の色みを感じるように見える現象。

> 鮮やかな色で囲まれた **A** が、その周囲の色の **B** に近づいて見える現象を色陰現象という。

こたえ **A** 灰色またはグレイ **B** 補色または心理補色

**色陰現象**とは、周囲の有彩色の心理補色が図柄のグレイに重なって見える現象です。一般的には、色相対比とは分けて考えますが、補色の色が重なって見える色相対比と同じ原理です。

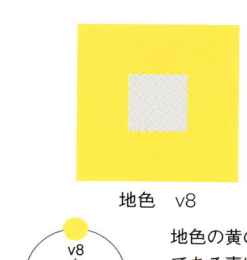

地色 v8 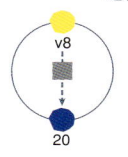
地色の黄の心理補色である青紫が重なって、青みに寄って見える

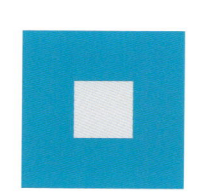

地色 v16 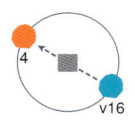
地色の緑みの青の心理補色である赤みの橙が重なって、赤みに寄って見える

地色 b12 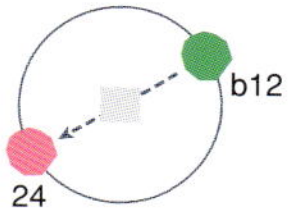
地色の緑の心理補色である赤紫が重なって、赤みに寄って見える

地色 b2
地色の赤の心理補色である青緑が重なって、緑みに寄って見える

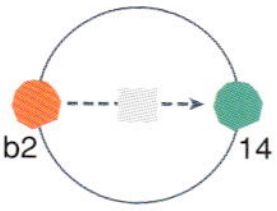

### 色の見えかた
# 色の面積効果

- 同じ色でも面積の大小で、その見え方が変わる現象を **色の面積効果** という。面積が大きくなるほど、色は明るく鮮やかに見える。
- 面積が非常に小さくなると、黄色と青系の色は見えにくくなり、白、黒、赤（ピンク）、緑の4色のいずれかに見える。

**色の面積効果** は、面積の大小によって同じ色でも明度、彩度の見えかたが変わることです。基本的に面積が大きくなるほど、明るい色は明るく鮮やかに見え、暗い色は暗く感じます。

面積が非常に小さくなると、黄色と青系の色は見えにくくなり、白、黒、赤（ピンク）、緑の4色のいずれかに見えるようになります。例えば、明るい黄色や黄緑は白っぽく、暗い青や青紫などは黒く見え、明るい青や青緑は緑に見えるようになります。逆に、視野のほとんどを覆うくらいの大きさになると、眼の順応が働き、色みはしだいに灰色に近づいて感じられるようになります。

面積効果によって色の見えかた、印象は変わるので、部屋の壁クロスなどを選ぶときは、できるだけ実際の大きさに近い色見本で行うとよいでしょう。

## 5 色の知覚効果
### 色の見えかた

- **ハーマングリッド**とは、交点のところにぼんやりと点を感じる現象です。
- **マッハバンド**とは、明るさの同じ面と変化する面が接すると、その境界線に帯のような線を感じる現象です。

### ハーマングリッド

白い十文字の交点のところに、ぼんやりとした黒い点を感じます。縁辺対比の一種です。発見者の名前にちなんで**ハーマングリッド**（ハーマン格子）といいます。

### マッハバンド

明暗が変化するグラデーションの面と、明暗の変化しない面が接すると、明るい面側に明るい帯aが現れ、暗い面側に暗い帯bが現れます。これは、縁辺対比（P.71）の一種です。生理学的には網膜の**側抑制**によって起こります。

| 同じ明るさ | a ↓ | 変化する明暗 | b ↓ | 同じ暗さ |

### 側抑制

色、明るさの違う面の接するところを見ると、実際より強調した情報が脳へ送られる。この側抑制の作用により縁辺対比が生じる。

> - **リープマン効果**とは、色相が離れて明度の近い色を並べると境界がちらつく現象です。
> - **エーレンシュタイン効果**とは、格子の交点をなくすと、地色が円に見える効果です。

## リープマン効果

明度差の少ない、色相の離れた色同士を並べると境界線がちらついて形が見えにくくなります。発見者の名前から**リープマン効果**といわれます。

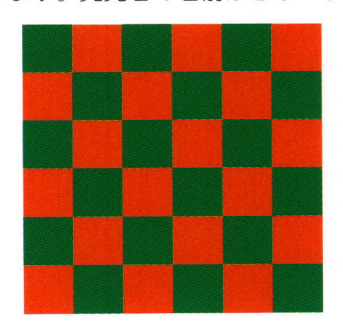

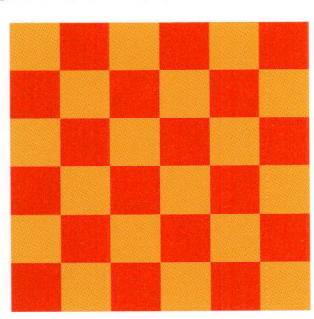

色相が近いと起きない

## エーレンシュタイン効果

格子の交点をなくすとなくした部分により強く地色が表れます。白地に描かれた黒線の交点をなくすと、その部分は周りより白い円に見えます。

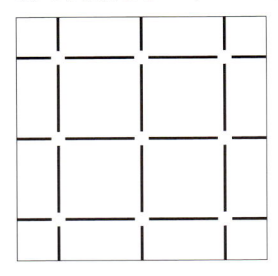

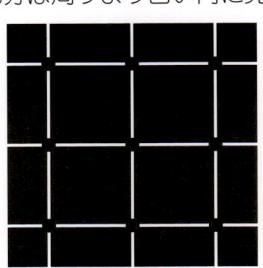

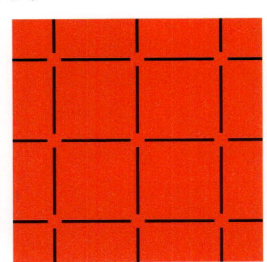

# 5 色の知覚効果
色の見えかた

- **ネオンカラー効果**とは、色線の交点がにじんで見える現象です。
- **透明視**とは、重なった色面を中間の色にすると透明に感じる効果です。

### ネオンカラー効果
交点を色線でつなぐと、その色がネオンのようににじんで広がって見える現象です。

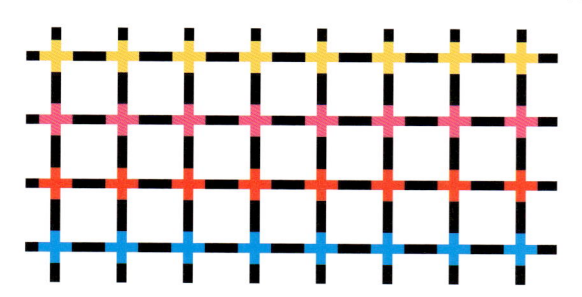

### 透明視
2つの図形を重ねて、重なった部分の色をその中間の色にすると透明に見えます。重なり部分を少しでもずらすと透明視は失われます。

重なりがずれると、
透明に感じられない

- **主観色**とは、細い白と黒の線を引いた面を見ていると、赤や緑の色味が流れているように感じる色です。
- **ベンハムトップ**と呼ばれるパターンのコマの回転を見つめると、赤や緑がかって感じます。

### 主観色

白と黒だけの細い線で規則正しく描いた線を見ていると、色みのないはずの色を感じる現象です。かすかに赤や緑の色みの流れを感じます。しかし、同じ図を見ても感じる色には個人差が大きいので**主観色**という名がつきました。

### ベンハムトップ（ベンハムこま）

ベンハムがつくったコマのパターンです。時計回りに回すと中心から外辺にR→Y→G→Cと見え、反対に回すと表れる色は反対にC→G→Y→Rと見えます。
上の主観色と同じ現象です。

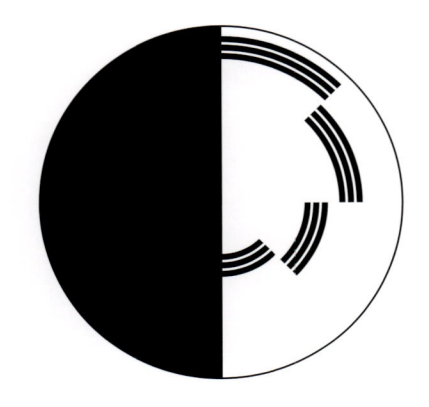

# 5 色の知覚効果
色の見えかた

- **立体効果**とは、色面の明暗によって立体的に感じる効果です。
- **マッカロー効果**とは、視覚系が、色情報と方向情報（縞模様）を複合的に処理し、その結果生じる色残像現象のひとつです。

## 立体効果

図形の上辺を明るく、下辺を暗くすると立体的に感じます。私たちが日常で見ている光と影の関係が反映しています。

## マッカロー効果

色のついた縦縞の図(a)、横縞(b)を数分見た後、無彩色の縞模様(c)を見ると、縦縞、横縞の部分に(a)、(b)の残像色を感じる効果です。視覚系が色と縞の方向の情報を組み合わせて処理していることがわかります。

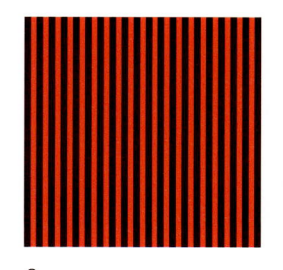

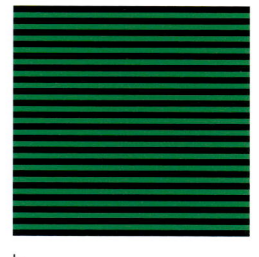

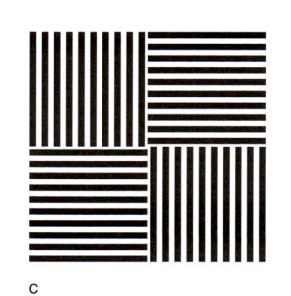

a　　　　　　　　　b　　　　　　　　　c

> 色の見えかた
> # 色による遠近効果

- 空気遠近法とは、遠くにあるものほど淡く見える効果を利用します。
- 進出色と後退色とは、鮮やかな色、暖色、明るい色が前進して見えます。

## 空気遠近法

遠くにある風景はかすんで淡く見え、近いものははっきりと濃く見えます。

## 進出色と後退色による遠近効果

進出して見える色は寒色より暖色、暗色より明色、にぶい色より鮮やかな色です。

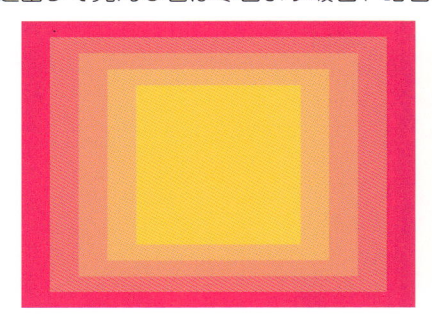

# 6 色の感じかた
## 色の心理的な効果

## 6 進出色と後退色、膨張色と収縮色
色の感じかた

- 手前に近づいて見える色を**進出色**、遠くに見える色を**後退色**という。
  **暖色系**の色や**明るい**色は**進出性**が高い。
  **寒色系**の色や**暗い**色は**後退**して見える。
- 実際より面積が大きく見える色は**膨張色**、小さく見える色を**収縮色**という。
  膨張色とは**暖色系**の色や**明るい**色。**白**が一番膨張して見える。
  収縮色とは**寒色系**の色や**暗い**色。**黒**が一番収縮して見える。

**進出色**とは、手前に近づいて感じたり、出っ張って感じたりする色のこと。赤から黄色までの**長波長の色**。

**後退色**とは、遠くに感じる、引っ込んで感じる色のこと。青などの**短波長の色**。
一般的に、明るい色は進出性が高く、暗い色は後退して見えます。

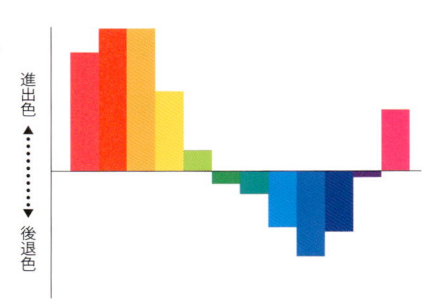

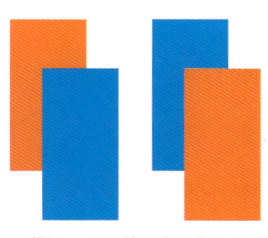

進出色　　　　橙は、より前に出て見える　　　　後退色

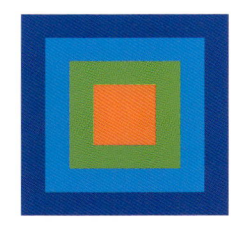

**膨張色**とは、実際よりも広がって感じる色のこと。

**収縮色**とは、実際よりも小さく感じる色のこと。膨張色は明るい色、収縮色は暗い色です。一番膨張して見える色は白で、収縮して見える色は黒です。

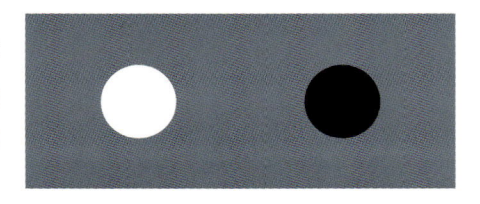

## 色の感じかた
# 暖色と寒色、軽い色と重い色、柔らかい色と硬い色

- 赤、橙、黄など暖かい印象を与える色を**暖色**といい、青や青緑など冷たい印象を与える色を**寒色**という。緑、紫、無彩色など、寒暖を感じない色を**中性色**という。色の寒暖は色相が関係している。
- 色の軽重感は明度に関係する。**明度の高い色は軽く**、**明度の低い色は重く**感じる。柔らかい、硬いといった感じも明度が関係する。**明るい色は柔らかく**、**暗い色は硬く**感じる。

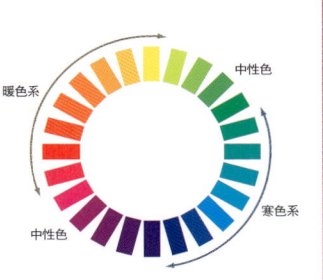

### 暖色と寒色　色相の違い

暖かく感じる色を**暖色**といいます。**暖色系**とは**赤、橙、黄の範囲**の色です。**青**を中心とする冷たい、涼しいと感じる色を**寒色**といい、寒色をまとめて**寒色系**といいます。

暖かい色

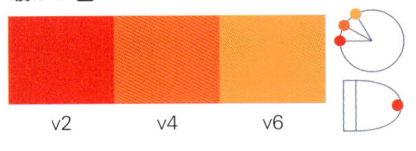

v2　v4　v6

冷たい色

v14　b17　v18

### 軽い色と重い色　明度の違い

軽い色—明度の高い色ほど軽く感じる

p3　Gy8.5　p20

重い色—明度の低い色ほど重く感じる

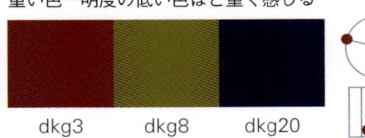

dkg3　dkg8　dkg20

### 柔らかい色と硬い色　明度の違い

柔らかい色—明度の高い色は柔らかく感じる

lt8　p6　p24

※白は反射が強すぎて柔らかい感じはしない

硬い色—黒や暗い色は硬く感じる

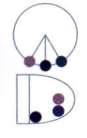

dkg20　s18　dp16

# 6 興奮色と鎮静色、派手な色と地味な色

色の感じかた

- 暖色系の高彩度の色を**興奮色**、寒色系の低彩度の色を**沈静色**という。興奮、沈静は**色相＋彩度**が関係する。
- 高彩度の色は派手な印象を、低彩度の色は地味な印象を与える。**派手・地味**という印象は**彩度**が関係する。
- **記憶色**には、実際のものの色よりもより明るい色、より鮮やかな色に記憶されたものが多い。
- **色記憶**とは、ものの色ではなく色を記憶したもの。色相はズレない。

## 興奮する色と沈静する色 色相＋彩度の違い

**興奮する色**とは、暖色系で彩度の高い色です。**沈静する色**とは、寒色系で彩度の低い色です。

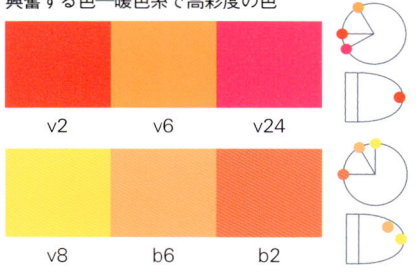

興奮する色—暖色系で高彩度の色

v2　v6　v24
v8　b6　b2

沈静する色—寒色系で低彩度の色

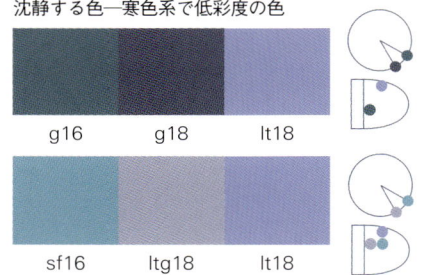

g16　g18　lt18
sf16　ltg18　lt18

## 派手な色と地味な色 彩度の違い

派手な色、地味な色という印象は彩度が関係します。**彩度の高い色**は**派手**な印象に、**彩度の低い色**は**地味**な印象を与えます。

派手な色—高彩度の色

v8　v3　v17
v16　v24　v10

地味な色—低彩度の色

g8　g3　dkg17
ltg16　g24　ltg10

色の感じかた
# 色の連想、色の象徴性

**色で連想するイメージ**

| 色 | | 連想 | 色 | | 連想 | 色 | | 連想 |
|---|---|---|---|---|---|---|---|---|
| 赤 | ■ | 太陽、血、リンゴ、情熱的 | 黄緑 | ■ | 葉、草原、平和、自然 | 茶 | ■ | 木、落ち葉、チョコレート、落ち着いた、素朴 |
| ピンク | ■ | 桃、春、柔らかい、女性的な、赤ちゃん、甘い | 緑 | ■ | 葉、森林、自然、若々しい、安全、平和 | 白 | □ | 雪、雲、紙、純粋、清潔、神聖 |
| 橙 | ■ | みかん、元気、柿、暖かい、陽気 | 青 | ■ | 空、海、水、さわやか、理想、寒い | 灰 | ■ | ねずみ、雨、憂鬱、コンクリート、大人っぽい、不安 |
| 黄 | ■ | タンポポ、月、レモン、明るい、楽しい、陽気 | 紫 | ■ | ブドウ、スミレ、ラベンダー、高貴な、不安 | 黒 | ■ | 夜、死、カラス、暗い、暗黒、高級な |

**色の連想** とは、ある色を見て連想されるイメージのことです。例えば、赤を見ると太陽や血、情熱をイメージし、青を見ると空や水、寒さを思い浮かべます。このようなイメージには、太陽や空といった具体的な連想と、情熱やさわやかといった抽象的な連想があります。

**色の象徴性**

色から思い起こす連想が、社会に一般化すると**色の象徴性**となります。トイレの男女区分を青色と赤色に区別したり、信号を赤、黄、緑で区別するのに利用します。企業や商品のイメージを色彩で表すのも色の象徴性を利用しています。CI（コーポレート・アイデンティティ）といいます。
赤色やオレンジ色は元気で積極的な気持ちが表れ、緑色は自然や安全を大切にしていることが伝わります。

来店者の気持ちにふさわしい配色が共感を呼び起こします。

# 7 色彩と構成
## 色と色の調和

## 7 色彩と構成
## 色相で考える配色

- 同一色相配色は、色相が同じ色同士の配色。いわゆる同系色の配色。
- 隣接色相配色は、色相が隣り合った色同士の配色。調和しやすく、柔らかい印象。
- 類似色相配色は、色相が類似した色同士の配色。穏やかで自然な印象。
- 中差色相配色は、色相がやや離れた色同士の配色。バランスがとりにくい。
- 対照色相配色は、色相差が大きい配色。はっきりとした元気な印象。
- 補色色相配色は、色相環上で対極にある配色。最も刺激の強い印象。

**配色**とは、**2色以上の色を効果的に組み合わせることで**、**調和感**が大切です。

**PCCSの色彩調和**は、色彩とトーンの2つの配色で考えます。PCCSの色彩調和には**色相に共通性がある配色**と**色相に対照性がある配色**、その中間の**色相にやや違いがある配色**があります。PCCSには、不調和な色の組み合わせという考え方はありません。

色相に共通性がある配色は、色相差やトーン差の小さい配色です。統一感がある配色なので、落ち着いた印象になります（同一色相配色／隣接色相配色／類似色相配色）。
色相に対照性がある配色は、色相差やトーン差が離れた配色です。変化がある配色なので、元気な印象や刺激の強い印象になります（対照色相配色／補色色相配色）。
色相にやや違いがある配色は、曖昧な印象で、バランスがとりにくい印象です（中差色相配色）。

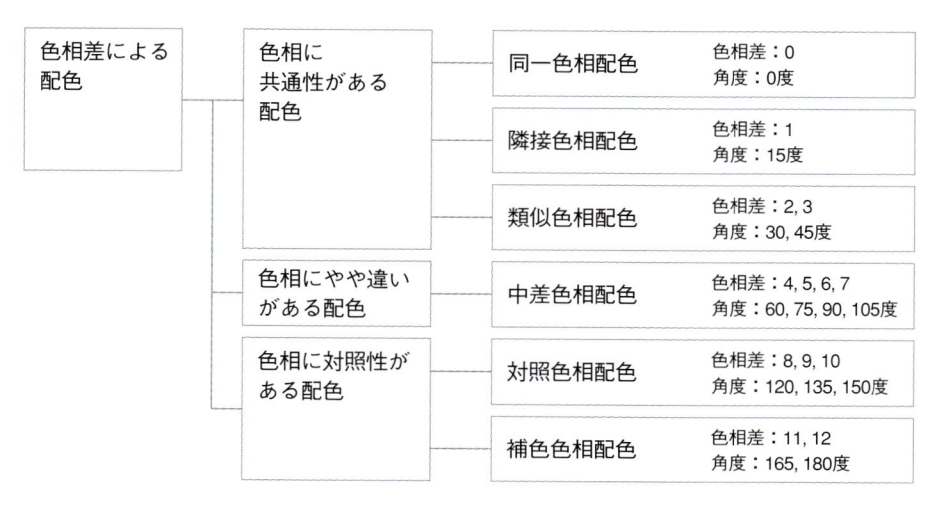

| 色相差による配色 | | | |
|---|---|---|---|
| | 色相に共通性がある配色 | 同一色相配色 | 色相差：0<br>角度：0度 |
| | | 隣接色相配色 | 色相差：1<br>角度：15度 |
| | | 類似色相配色 | 色相差：2, 3<br>角度：30, 45度 |
| | 色相にやや違いがある配色 | 中差色相配色 | 色相差：4, 5, 6, 7<br>角度：60, 75, 90, 105度 |
| | 色相に対照性がある配色 | 対照色相配色 | 色相差：8, 9, 10<br>角度：120, 135, 150度 |
| | | 補色色相配色 | 色相差：11, 12<br>角度：165, 180度 |

## 覚えたかどうかやってみよう

**A**
① この色の組み合わせは、同一色相配色である。
② この色の組み合わせは、類似色相配色である。
③ この色の組み合わせは、色相対照の調和である。
④ この色の組み合わせは、トーン対照の調和である。

**B**
① この色の組み合わせは、同一トーン配色である。
② この色の組み合わせは、対照色相配色である。
③ この色の組み合わせは、ナチュラル・ハーモニーである。
④ この色の組み合わせは、同じ明度の色で構成されている。

こたえ　A②　B②

**色相から考える配色** とは、使われる色の色相差がどのくらいあるかを考えて配色を決めていく方法です。PCCSでは**色相番号の差**と**色相環上の角度差**で色相差を考える方法があります。

### 色相差の関係
**(8:Yを基準として見たとき)**
色相番号の差で色相差をとらえる。

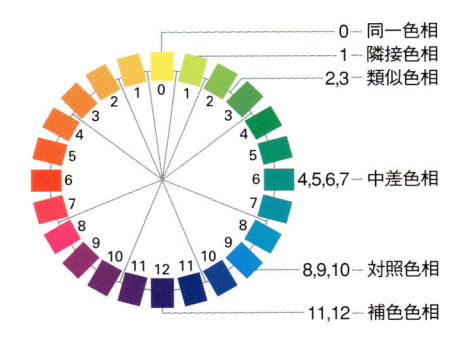

- 0 — 同一色相
- 1 — 隣接色相
- 2,3 — 類似色相
- 4,5,6,7 — 中差色相
- 8,9,10 — 対照色相
- 11,12 — 補色色相

### 角度差の関係
**(8:Yを基準として見たとき)**
色相環上の角度で色相差をとらえる。
1色相差は15度。

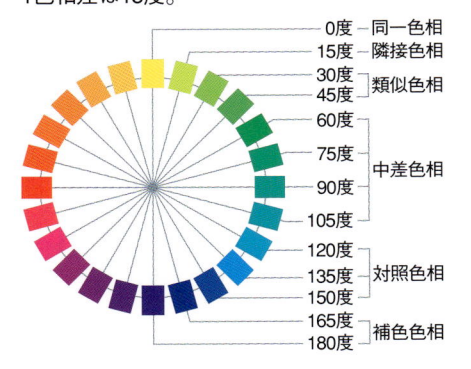

- 0度 — 同一色相
- 15度 — 隣接色相
- 30度／45度 — 類似色相
- 60度／75度／90度／105度 — 中差色相
- 120度／135度／150度 — 対照色相
- 165度／180度 — 補色色相

# 7 色彩と構成 同一色相配色

同一色相配色（0度）

同じ色相同士の配色

**覚えたかどうかやってみよう**

同一色相であるv18とb18の配色は、①②どちらか答えなさい。

① ②

こたえ ②

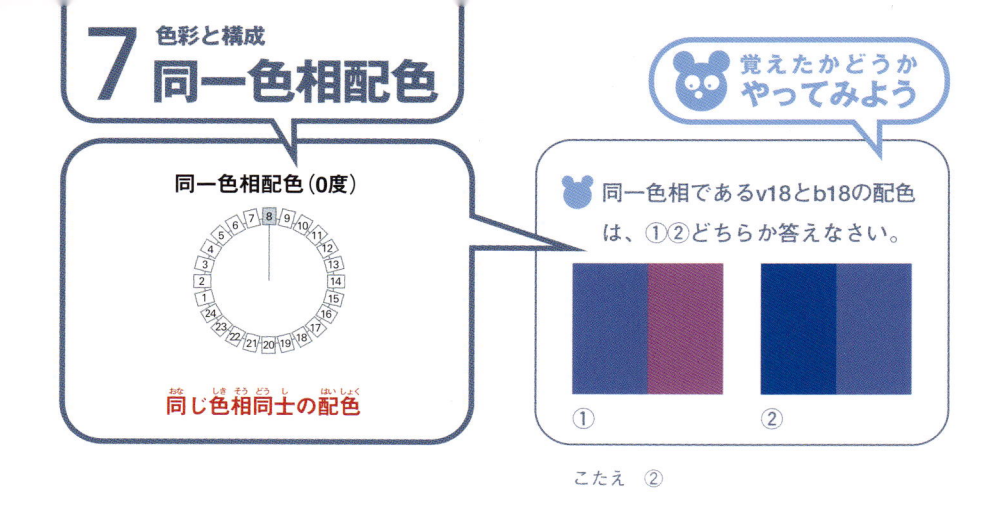

**同一色相配色** とは、色相が同じ色同士の配色、同じ色相番号のついた色同士の組み合わせ。いわゆる同系色の配色です。同じ色相なのでまとまりはありますが、面白みはありません。**色相差は0。角度差は0度。**

＊同系色…純色に白から黒までの無彩色を加えて出来た色。

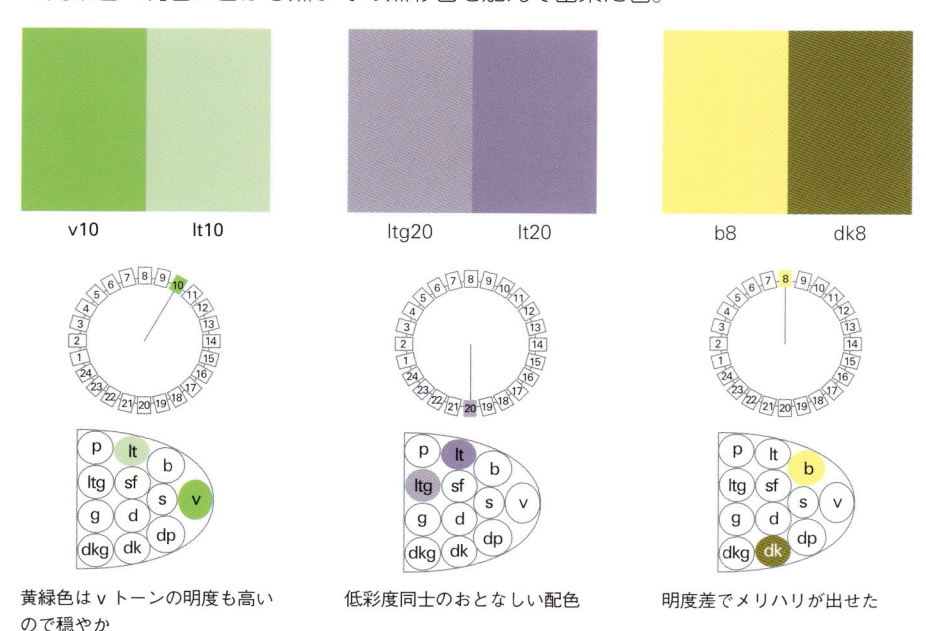

v10　　lt10　　　　ltg20　　lt20　　　　b8　　dk8

黄緑色はvトーンの明度も高いので穏やか

低彩度同士のおとなしい配色

明度差でメリハリが出せた

色彩と構成
# 隣接色相配色

隣接色相配色（15度）

色相が近似した配色

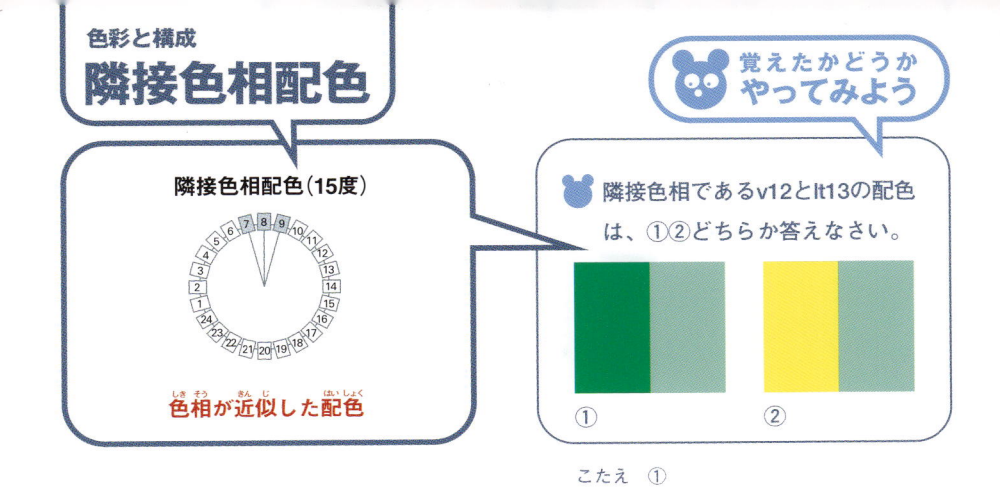

覚えたかどうか やってみよう

隣接色相であるv12とlt13の配色は、①②どちらか答えなさい。

① ②

こたえ ①

**隣接色相配色** とは、色相が近似した色同士の配色。色相環で隣り合う色同士の配色。似た色相なので調和しやすく、柔らかい印象になります。
**色相差は1。角度差は15度。**

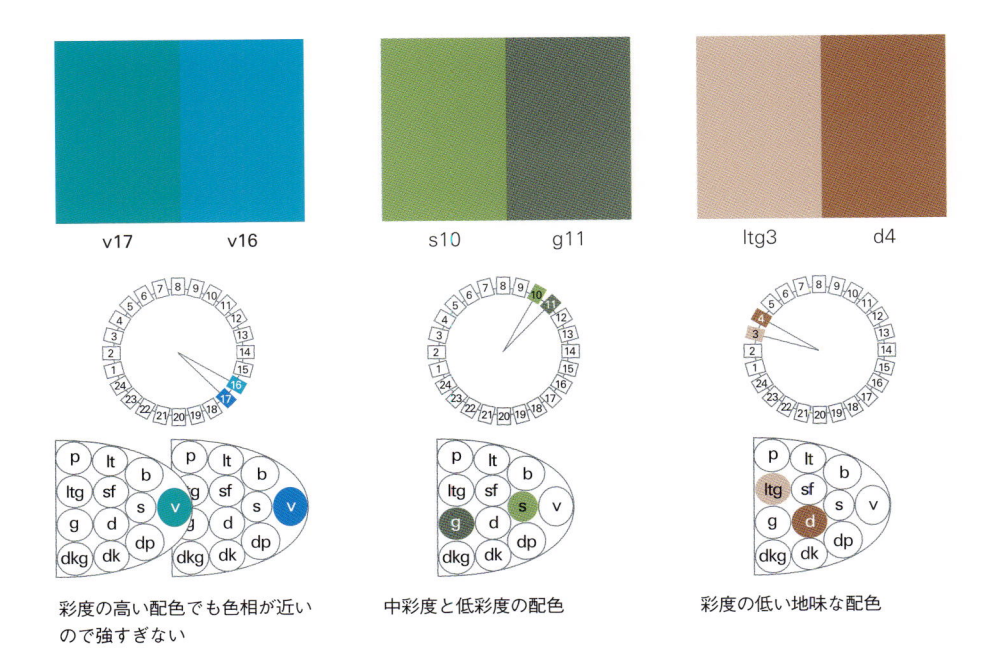

v17　v16

s10　g11

ltg3　d4

彩度の高い配色でも色相が近いので強すぎない

中彩度と低彩度の配色

彩度の低い地味な配色

# 7 色彩と構成 類似色相配色

**類似色相配色（30度、45度）**

色相が類似した色同士の配色

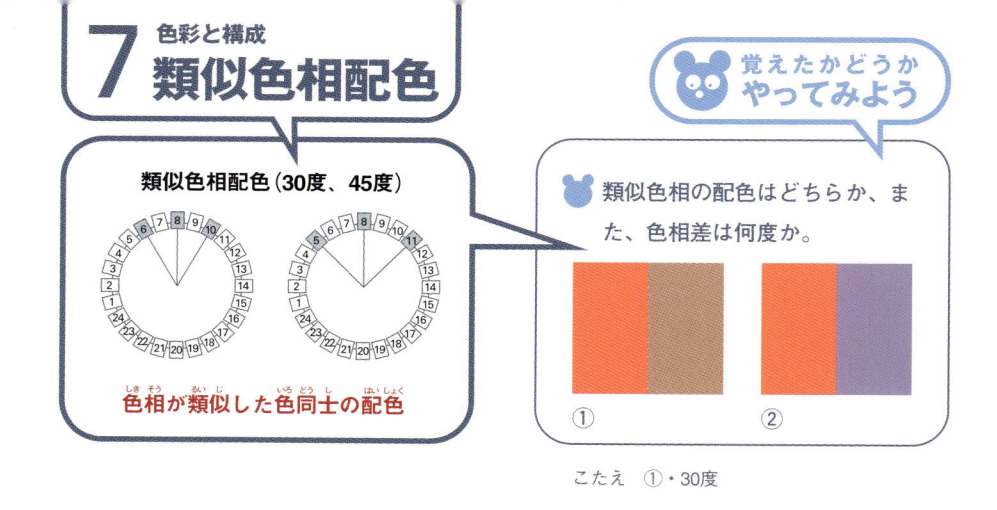

## 覚えたかどうか やってみよう

類似色相の配色はどちらか、また、色相差は何度か。

① ②

こたえ ①・30度

**類似色相配色** とは、色相が類似した色同士の配色。穏やかで自然な印象になります。

**色相差が2・3。角度差は30度・45度。**

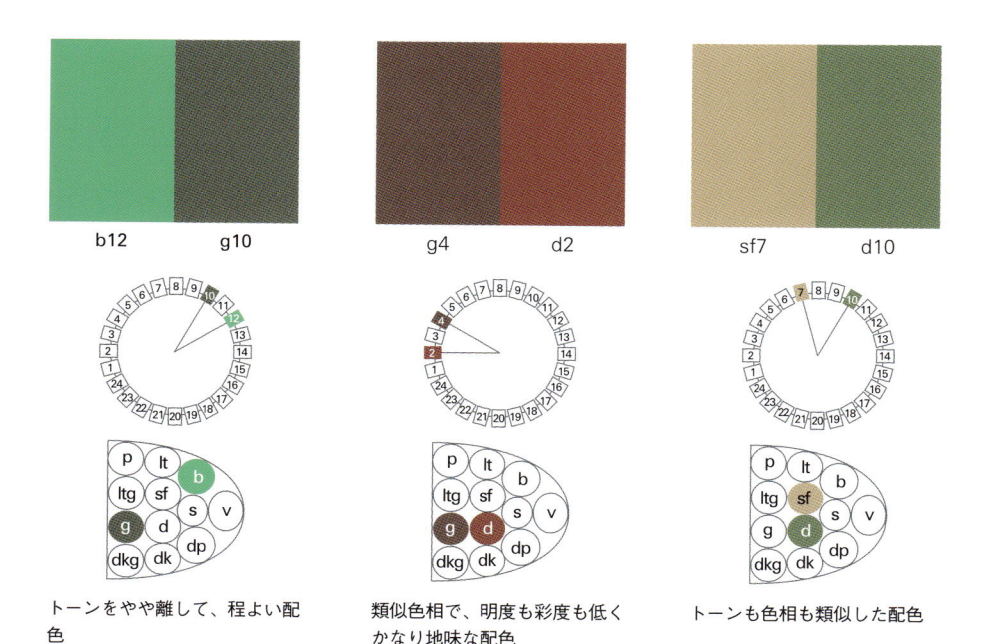

b12　g10　　　g4　d2　　　sf7　d10

トーンをやや離して、程よい配色

類似色相で、明度も彩度も低くかなり地味な配色

トーンも色相も類似した配色

## 色彩と構成
# 中差色相配色

中差色相配色（60度、75度、90度、105度）

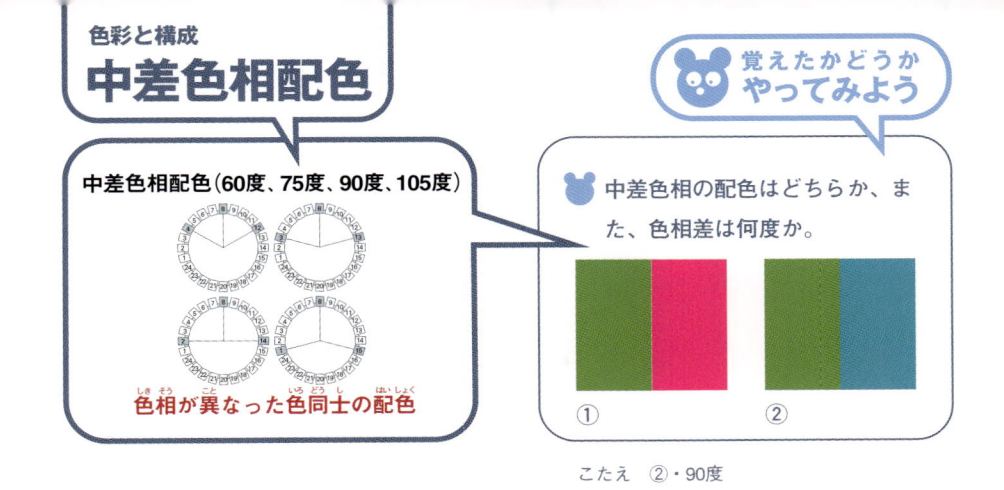

色相が異なった色同士の配色

### 覚えたかどうか やってみよう

中差色相の配色はどちらか、また、色相差は何度か。

① ②

こたえ　②・90度

**中差色相配色** は、曖昧な印象。色相差がやや大きく、バランスのとりにくい配色ですが、トーンの選び方などで個性的な配色になります。
**色相差は4～7。角度差は60度・75度・90度・105度。**

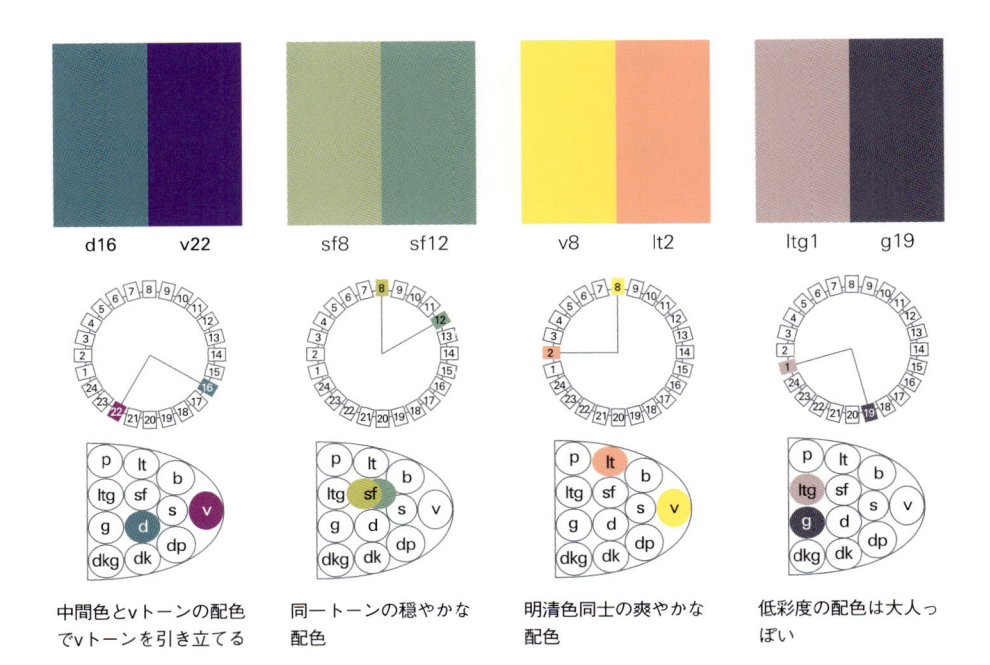

| d16 v22 | sf8 sf12 | v8 lt2 | ltg1 g19 |
|---|---|---|---|
| 中間色とvトーンの配色でvトーンを引き立てる | 同一トーンの穏やかな配色 | 明清色同士の爽やかな配色 | 低彩度の配色は大人っぽい |

95

# 7 色彩と構成 対照色相配色

対照色相配色（120度、135度、150度）

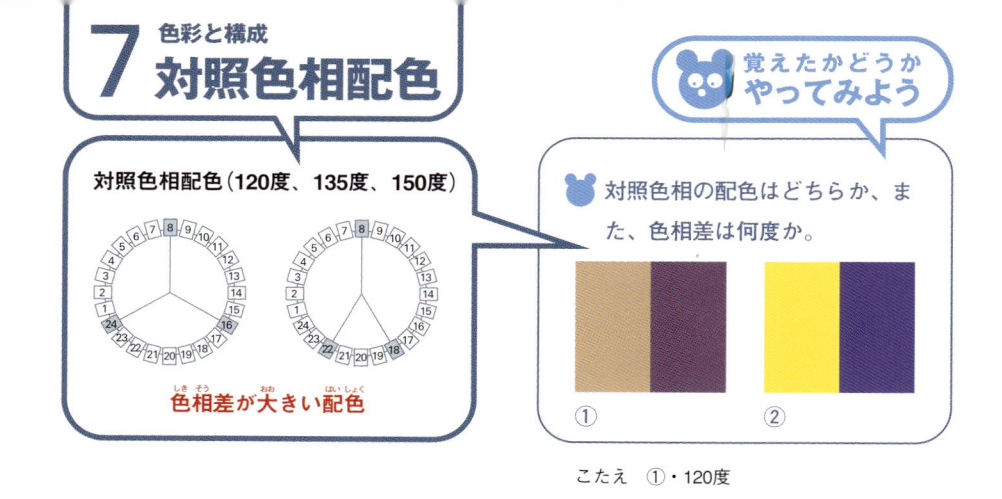

**色相差が大きい配色**

覚えたかどうかやってみよう

対照色相の配色はどちらか、また、色相差は何度か。

① ②

こたえ ①・120度

**対照色相配色** は、色相差が大きいので、はっきりとして元気な印象になります。
**色相差は8～10。角度差は120度・135度・150度。**

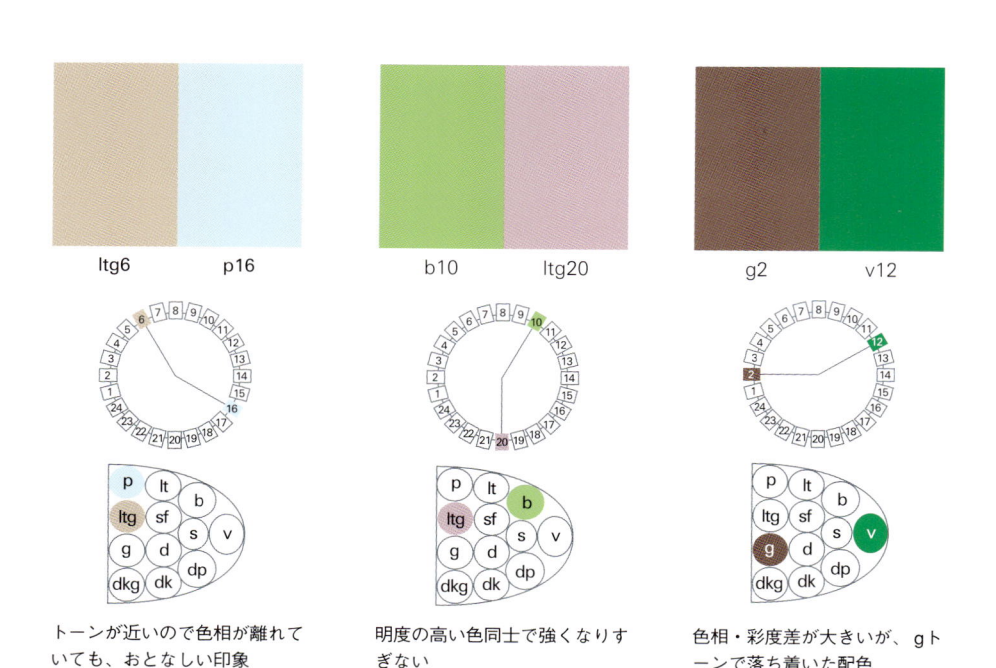

ltg6　p16　　　　　b10　ltg20　　　　　g2　v12

トーンが近いので色相が離れていても、おとなしい印象

明度の高い色同士で強くなりすぎない

色相・彩度差が大きいが、gトーンで落ち着いた配色

## 色彩と構成
# 補色色相配色

**補色色相配色（165度、180度）**

色相環上で対極にある配色

**覚えたかどうかやってみよう**

補色色相の配色はどちらか。

① ②

こたえ ②

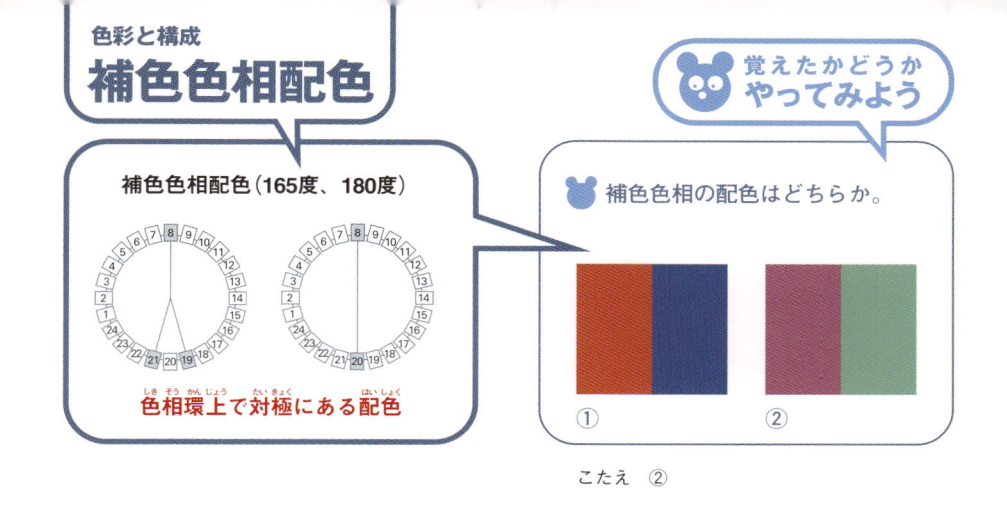

**補色色相配色** は、色相環上で対極の位置関係にある配色。最も刺激の強い印象になります。**色相差は11・12。角度差は165度・180度。**

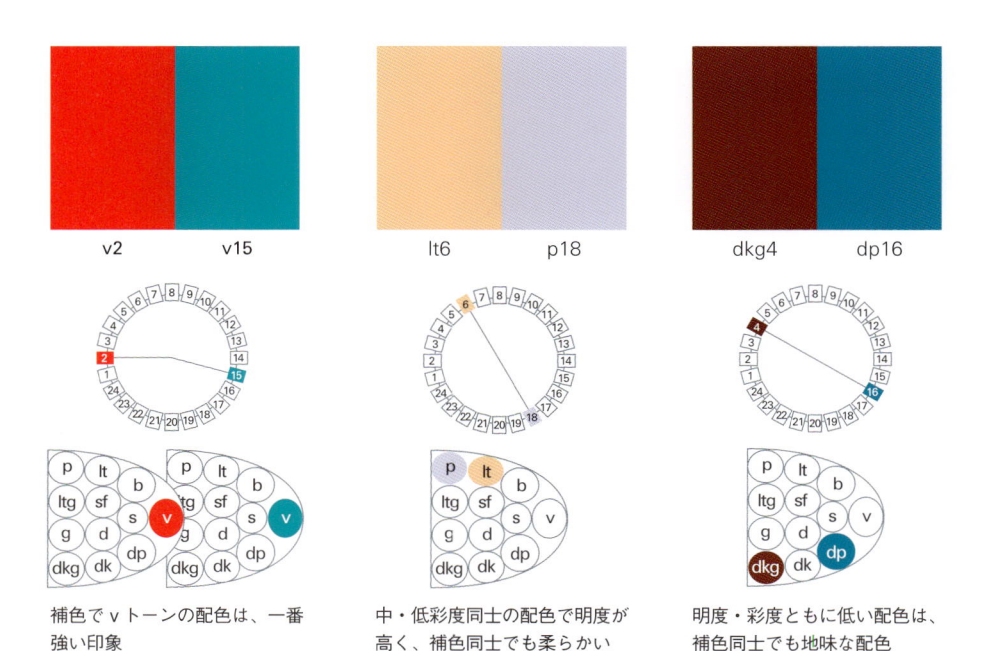

v2　　v15　　　　　lt6　　p18　　　　　dkg4　　dp16

補色でvトーンの配色は、一番強い印象

中・低彩度同士の配色で明度が高く、補色同士でも柔らかい

明度・彩度ともに低い配色は、補色同士でも地味な配色

## 7 トーンで考える配色
色彩と構成

- 同一トーン配色は、トーン記号が同一のトーン同士の配色。
- 類似トーン配色は、隣り合ったトーン同士の配色。
- 対照トーン配色は、トーン区分図で2段階以上離れたトーンの配色。

**トーン**を基本にして配色すると目指すイメージが表現しやすくなります。トーンで考える配色には、同一トーン配色、類似トーン配色、対照トーン配色の3つがあります。

```
トーン配色 ─┬─ トーン共通の配色 ─┬─ 同一トーン配色
           │                    └─ 類似トーン配色
           └─ トーン対照の配色 ──── 対照トーン配色
```

**同一トーン配色**は、色相だけを変化させます。同一トーンなので明度と彩度が同じだからです。この配色は調和しやすい配色です。

**類似トーン配色**は、隣同士のトーンの配色なので、まとまりやすい配色です。**1** 彩度が等しく、明度が類似（**縦方向**）、**2** 明度差が少なく、彩度が類似（**横方向**）、**3** 明度、彩度ともに類似（**斜め方向**）の3つのパターンがあります。

**対照トーン配色**は、トーン差が区分図で2段階以上離れたトーンの配色です。**1** 彩度が等しく、明度差を強調、**2** 明度差が少なく、彩度差を強調、**3** 明度も彩度も対照的の3つのパターンがあります。

中～低彩度のトーンでの配色の場合は、トーンのイメージが配色のイメージになるが、高彩度のトーンの配色では、色の印象のほうが強く、配色のイメージを左右してしまいます。

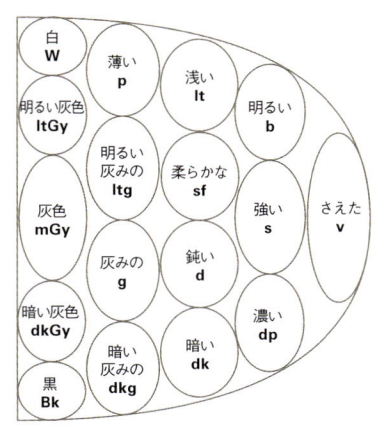

## 色彩と構成
## 同一トーン配色

同一のトーン同士での配色。

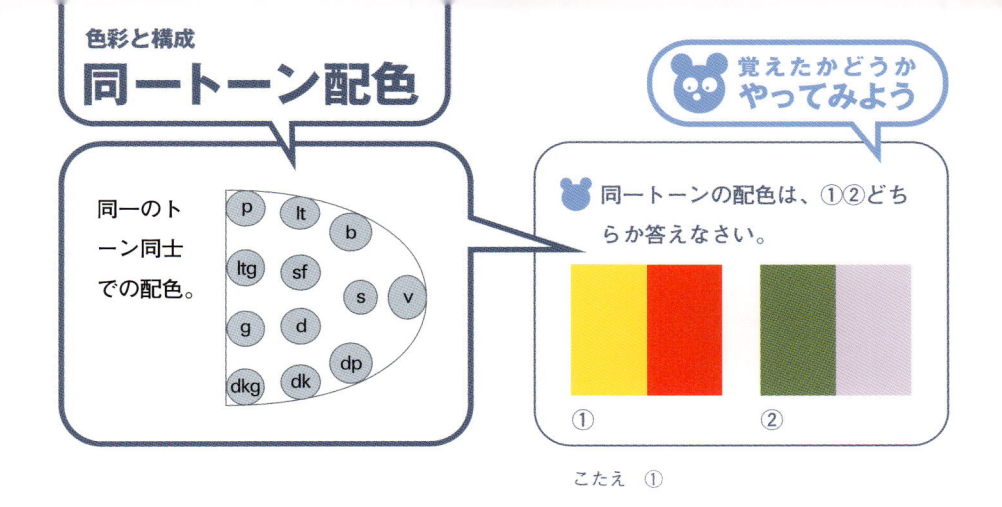

**覚えたかどうかやってみよう**

同一トーンの配色は、①②どちらか答えなさい。

① ②

こたえ ①

**同一トーン配色** とは、同一のトーン同士での配色。同一トーンなので、色相だけを変化させます。そのトーンのイメージがそのまま反映し、彩度が同じなので調和もとりやすいのです。

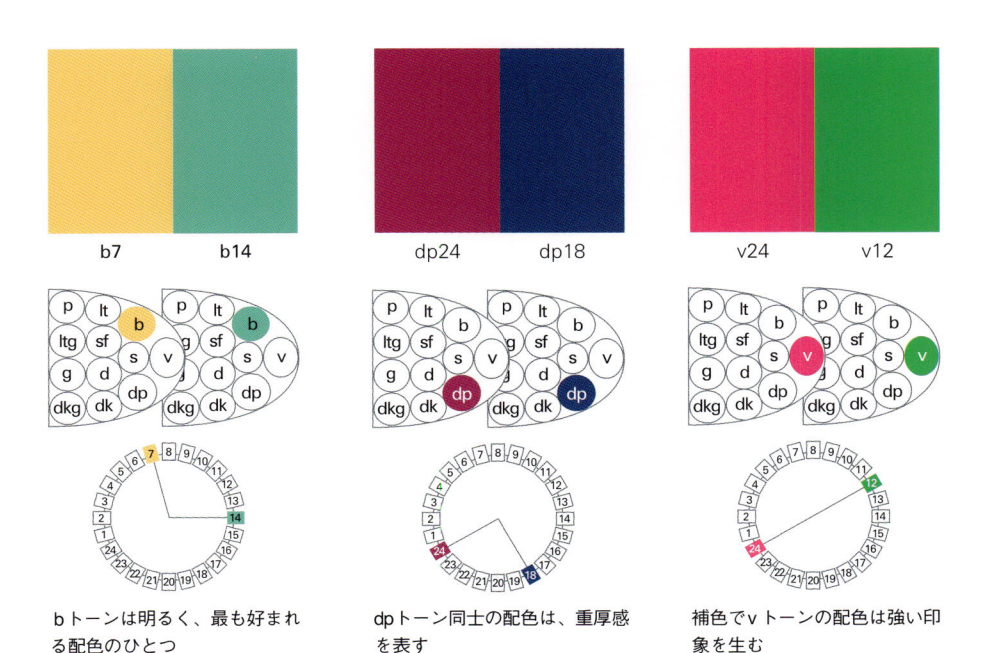

b7　　b14　　　　　　dp24　　dp18　　　　　v24　　v12

bトーンは明るく、最も好まれる配色のひとつ

dpトーン同士の配色は、重厚感を表す

補色でvトーンの配色は強い印象を生む

# 7 類似トーン配色
**色彩と構成**

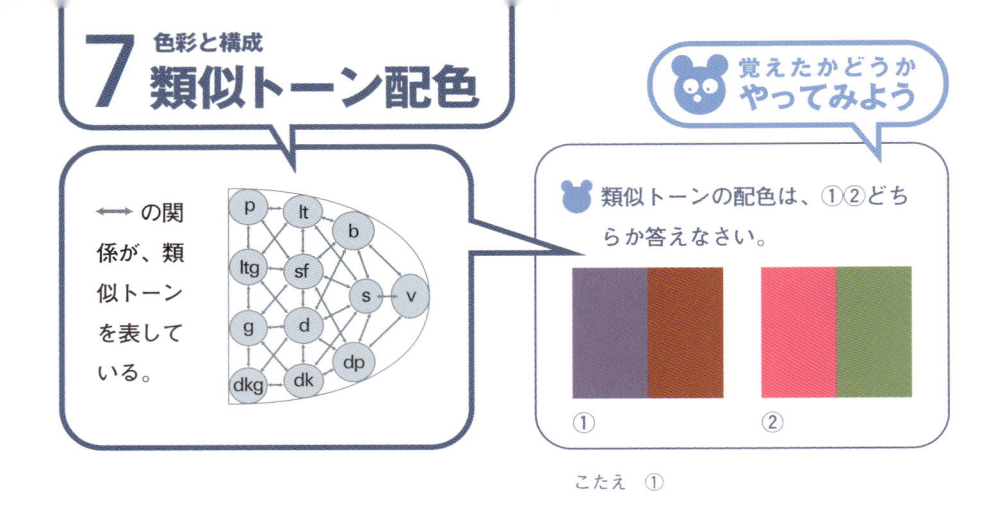

⟷ の関係が、類似トーンを表している。

**覚えたかどうかやってみよう**

類似トーンの配色は、①②どちらか答えなさい。

① ②

こたえ ①

**類似トーン配色** は、隣同士のトーンの配色なのでまとまりやすい配色です。以下の3つのパターンがあります。

1 彩度が等しく、明度にやや差がある**縦方向に隣り合うトーン**の配色
2 明度差が少なく、彩度が類似した**横方向に隣り合うトーン**の配色
3 明度、彩度ともに類似した**斜め方向に隣り合うトーン**の配色

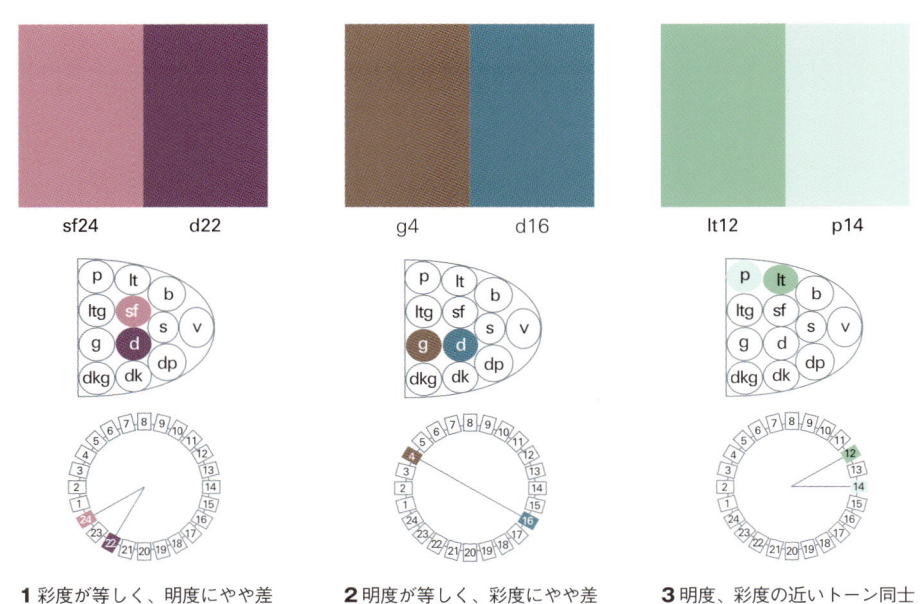

sf24　d22　　　　g4　d16　　　　lt12　p14

**1** 彩度が等しく、明度にやや差がある渋めの配色

**2** 明度が等しく、彩度にやや差がある配色

**3** 明度、彩度の近いトーン同士のおとなしい配色

## 色彩と構成
# 対照トーン配色

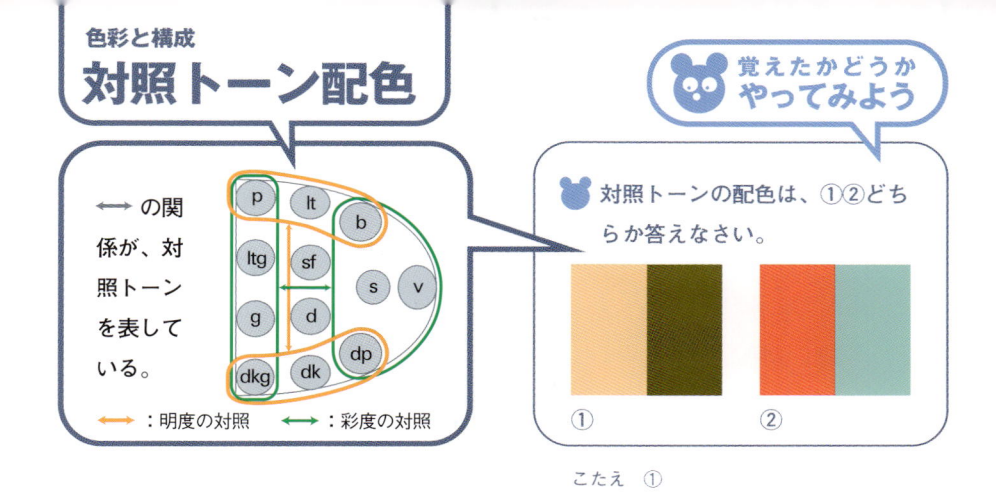

←→ の関係が、対照トーンを表している。

←→：明度の対照　←→：彩度の対照

### 覚えたかどうかやってみよう

対照トーンの配色は、①②どちらか答えなさい。

① ②

こたえ　①

**対照トーン配色**とは、トーン差が大きく、トーンの区分図で2段階以上離れたトーンの配色です。以下の3つのパターンがあります。

1　彩度が等しく、**明度差が対照的な関係の**トーンの配色
2　明度差が少なく、**彩度差が対照的な関係の**トーンの配色
3　**明度も彩度も対照的**なトーンの配色

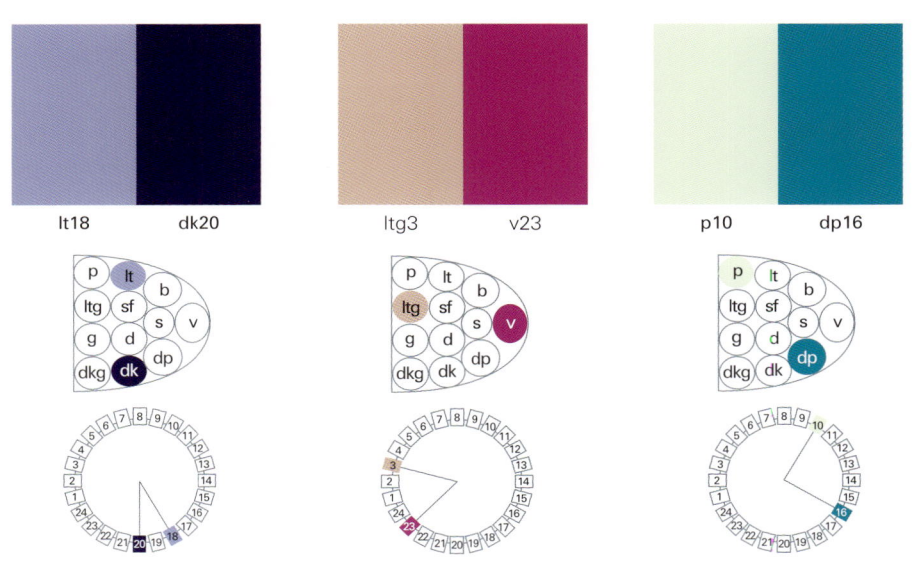

lt18　　dk20　　　　ltg3　　v23　　　　p10　　dp16

**1** 明度差が大きく、彩度差の小さい配色

**2** 彩度差が大きく、明度差の近い配色

**3** 明度差、彩度差ともに大きな配色は、難しい配色

## 7 色彩と構成　アクセントカラー

- アクセントカラー(強調色)とは、少量で配色全体を引き締める色のことである。
- ベースカラー(基調色)とは、配色の中で最も大きな面積を占める色、配色全体の土台(基調)となる色、全体のイメージを決める色のことである。
- アソートカラー(配合色)とは、ベースカラーの次に面積の大きい色のことである。

**アクセントカラー(強調色)** とは、少量で配色全体を引き締める色のことです。同一色相の配色やトーンを統一した配色はまとまりはありますが、単調な印象になってしまうことがあります。そんな場合は、対照的な色を少量、配色に加えて、ポイントをつくると全体が引き締まります。この加えた色がアクセントカラーです。アクセントカラーには、基調となる色と対照的な色相やトーン(明度、彩度)を使います。特に、明度差のある色を使うと配色は、よりはっきりとします。

### 対照的な色相を用いたアクセントカラー：対照色相、補色色相を使った配色

ある色相でまとめられた配色には、対照的な色相(対照色相、補色色相)の中から色を選びます。

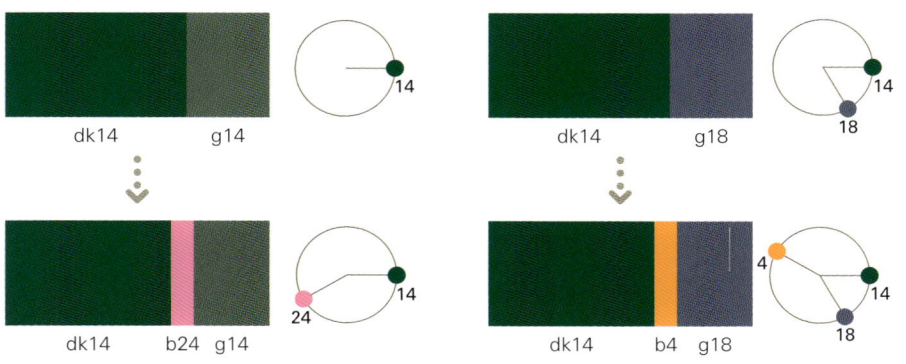

dk14　g14

dk14　g18

dk14　b24　g14

dk14　b4　g18

**覚えたかどうかやってみよう**

**A** 暖色系の配色に対して、寒色系のアクセントカラーを使ったものを選びなさい。

① ② ③ ④

こたえ　③

## 対照的な明度を用いたアクセントカラー：明度差を強調した配色

明るい色でまとめられた配色には、対照的な明度の低い色を使います。
暗い色でまとめられた配色には明るい色を使います。

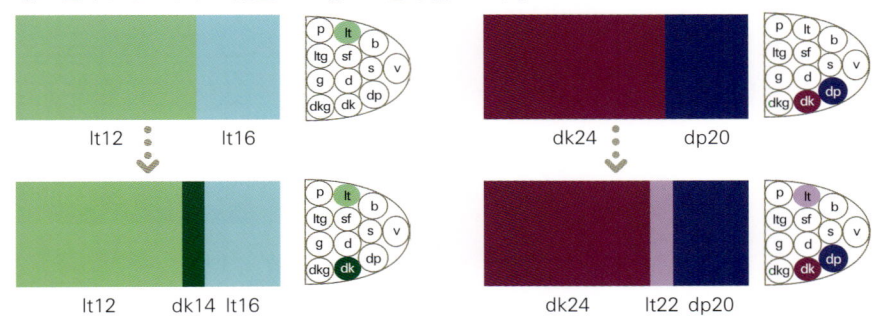

lt12　　lt16　　　　　　　　dk24　　dp20

lt12　dk14　lt16　　　　　　dk24　lt22　dp20

## 対照的な彩度を用いたアクセントカラー：彩度差を強調した配色

低彩度のトーンでまとめられた地味な配色には、対照的な高彩度の色を使います。
高彩度のトーンでまとめられた派手な配色には、低彩度の色を使います。

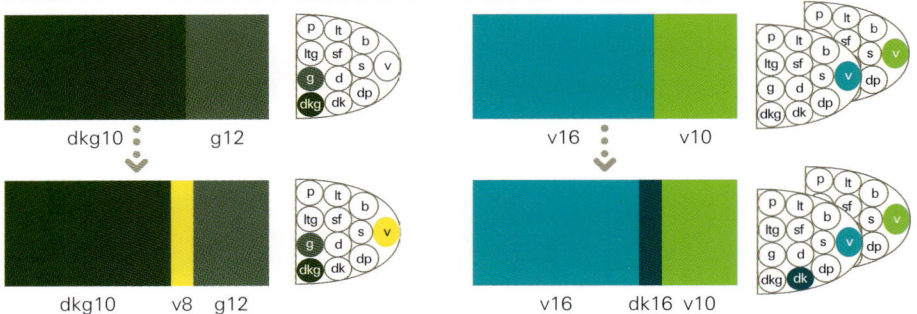

dkg10　　g12　　　　　　　v16　　v10

dkg10　v8　g12　　　　　　v16　dk16　v10

# 7 セパレーション
**色彩と構成**

- 色と色との間に別の色で境界をつくることで、きつすぎる配色を和らげたり、ぼやけた配色を引き締める配色技法を**セパレーション**という。
- セパレーションに使う色（セパレーションカラー）は、無彩色や彩度の低い色が効果的。

**セパレーション** とは、色と色の間に別の色で境界を入れることで、配色のイメージを和らげたり、引き締めたりする配色技法です。

高彩度同士の配色や、色相やトーン差の大きな配色といったきつすぎる配色なら配色のイメージを和らげ、色相もトーンも似ていてぼやけて見える配色なら、引き締めたりすることが出来ます。セパレーションに使う色（セパレーションカラー）は、無彩色や彩度の低い色が効果的です。

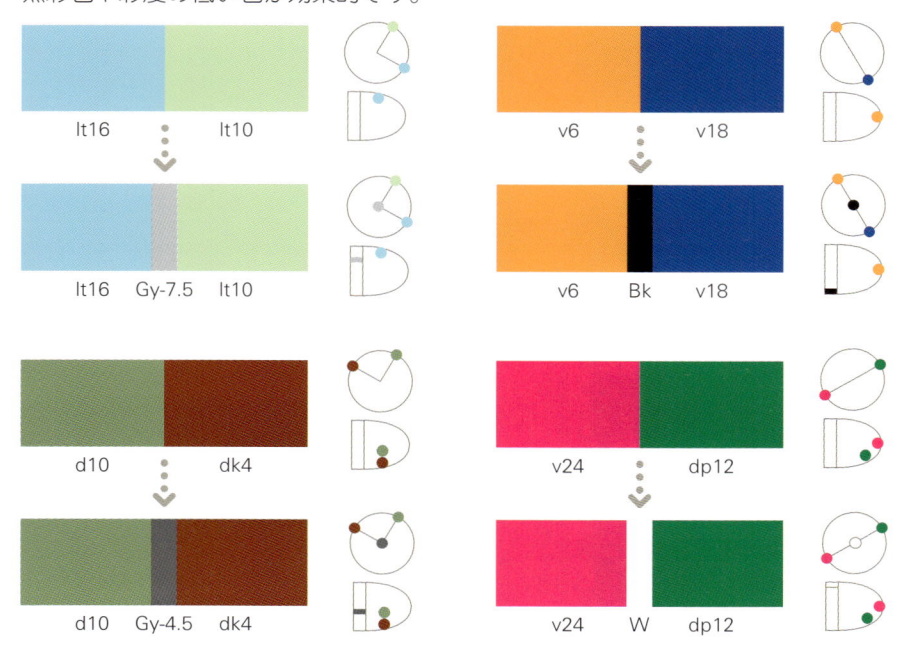

| lt16 | | lt10 |
| lt16 | Gy-7.5 | lt10 |

| v6 | | v18 |
| v6 | Bk | v18 |

| d10 | | dk4 |
| d10 | Gy-4.5 | dk4 |

| v24 | | dp12 |
| v24 | W | dp12 |

**色彩と構成**
# グラデーション

- 色を規則正しく段階的に変化させる配色を**グラデーション**という。
- グラデーションには、色相が規則的に変化する**色相のグラデーション**、**トーンのグラデーション**には明度が規則的に変化するグラデーション、彩度が規則的に変化するグラデーション、明度と彩度が規則的に変化するグラデーションがある。

**グラデーション** とは「徐々に変化すること」「段階的変化」という意味で、色を段階的に変化させていく配色です。色が規則正しい段階をつくって徐々に変化していくと心地よいリズムが生まれます。色相、明度、彩度、トーンのそれぞれにグラデーションの配色があります。

### 色相のグラデーション
色相を規則的に変化させた配色。色相差は1〜3程度の関係がよく、高彩度トーンのものほど効果があります。色相環や虹は色相のグラデーションです。

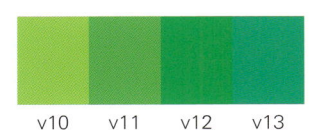

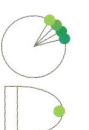

v10　v11　v12　v13

### トーンのグラデーション―明度
明度を規則的に変化させた配色。等色相面の低彩度トーンまたは中彩度トーンから明度順に選びます。

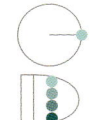

lt14　sf14　d14　dk14

### トーンのグラデーション―彩度
低彩度から高彩度（または高彩度から低彩度）へ規則的に変化させた配色。等色相面の高彩度、中彩度、低彩度の段階的な変化です。

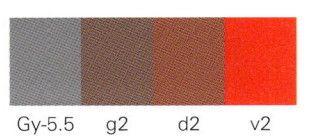

Gy-5.5　g2　d2　v2

### トーンのグラデーション―明度・彩度
純色と明清色や暗清色を使った明度と彩度が変化する配色です。

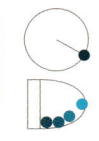

dkg16　dk16　dp16　v16

## 7 図と地
**色彩と構成**

> 画面の中で主役になる形を図といい、その背景の色面を地といいます。

### 図と地

図柄の中で、主役になる形を「**図**」、背景を「**地**」といいます。「図」がはっきりと主役に感じると、見る人は安心します。弱々しくはっきりしないと不安な気持ちになります。ルビンの盃は、その効果を逆手にとって不思議な気持ちにさせます。

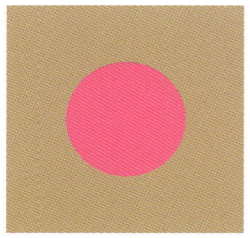

図を強い色にすると安定する

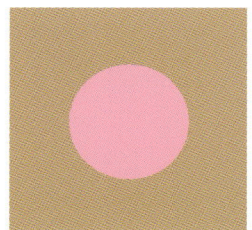

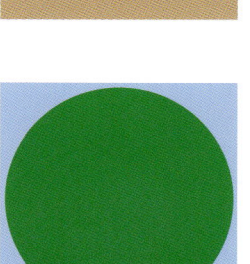

ルビンの盃

地を大きくすると安定する

小さく強い主役でも、周辺の余白を広くすると安定する

**色彩と構成**
# バランス・アンバランス

> 🐻 **バランス**とは、つり合いのことをいいます。バランスが崩れていると不安な気持ちになり、取れすぎていると動きがなくなります。

### バランス・アンバランス

つり合い、均衡が取れていることをバランスが取れているといい、落ち着いた気持ちになります。バランスの崩れたアンバランスな組み合わせを見ると不安になります。しかし、造形表現の上ではバランスを取りすぎると安定がよすぎて動きがなくなりつまらなくなります。意図的にバランスを崩すと動きが出て、活発になります。バランス（均衡）を崩しすぎず、ほどよく動きを出すことが大切です。

大小のバランス。常識に比べ大小差が逆転すると落ち着かない

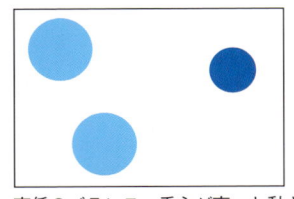

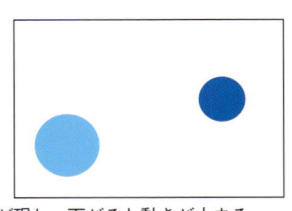

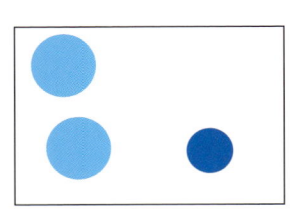

高低のバランス。重心が高いと動きが現れ、下がると動きが止まる

上下のバランス。上部を明るくすると安定し、下部を明るくするとスポーツの場合は躍動的になる

107

# 7 リズム
色彩と構成

> 🐻 **リズム**は、同じ形、同じ色のくり返しで生まれる。

### リズム

音楽用語で規則的な音の繰り返しをリズムといい、視覚表現でも同じ効果が表れます。同じ色彩の組み合わせや、特徴のある形を繰り返すとリズムが生まれます。心臓の鼓動のように静かで落ち着いた生命感が表れます。同じ配色の繰り返しを**リピティション**といいます。

同じ形の繰り返しがリズムを感じさせる

繰り返しがないのでリズムを感じない

同じ配色を繰り返すリピティション

鮮やかな色が活気のあるリズムを表す

同じ形のくり返しが静かなリズムを表す

形を少し崩しても、同じ形を感じるのでリズムが生まれる

## 色彩と構成
# コントラスト

> **コントラスト**とは対比の強さのことで、明暗差や色相差を大きくするとコントラストが強いという。

### コントラスト

対照、対比のことを指します。色彩や形の対比を大きく際立たせると生き生きした表現が生まれます。色彩の明暗や色相の差を大きくするほどコントラストが強まり、差を小さくするとコントラストが小さくなり、穏やかで優しくなります。

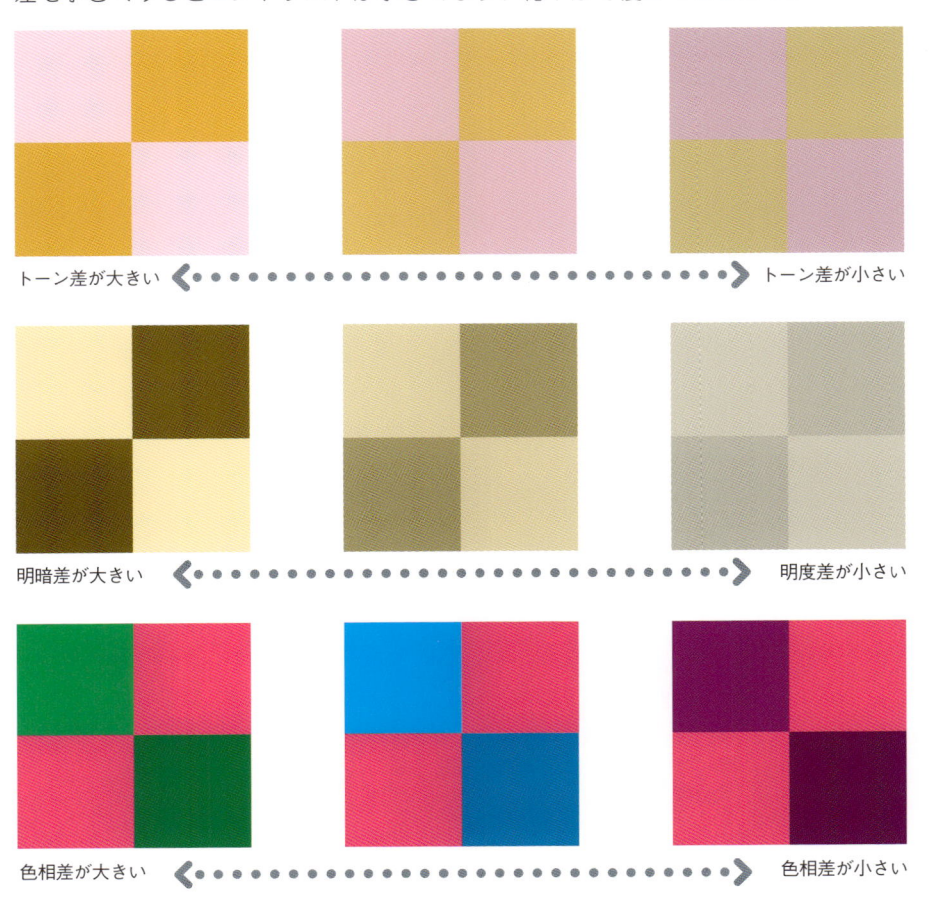

トーン差が大きい ←·········→ トーン差が小さい

明暗差が大きい ←·········→ 明度差が小さい

色相差が大きい ←·········→ 色相差が小さい

109

# 7 プロポーション
色彩と構成

> 長さや面積の大小の比率を**プロポーション**といいます。
> 黄金率（1：1.618）はよく知られるプロポーションの1つです。

### プロポーション

**比**、**割合**のこと。造形表現では主に形の比率のことを指し、黄金率は美しい比率を指す最も有名な言葉。配色では面積比のことを指します。
面積比を高くすると動きが表れ、面積比を近づけると穏やかになりますが、動きがなくなります。

6.8頭身　　　　　6.3頭身　　　　　5頭身

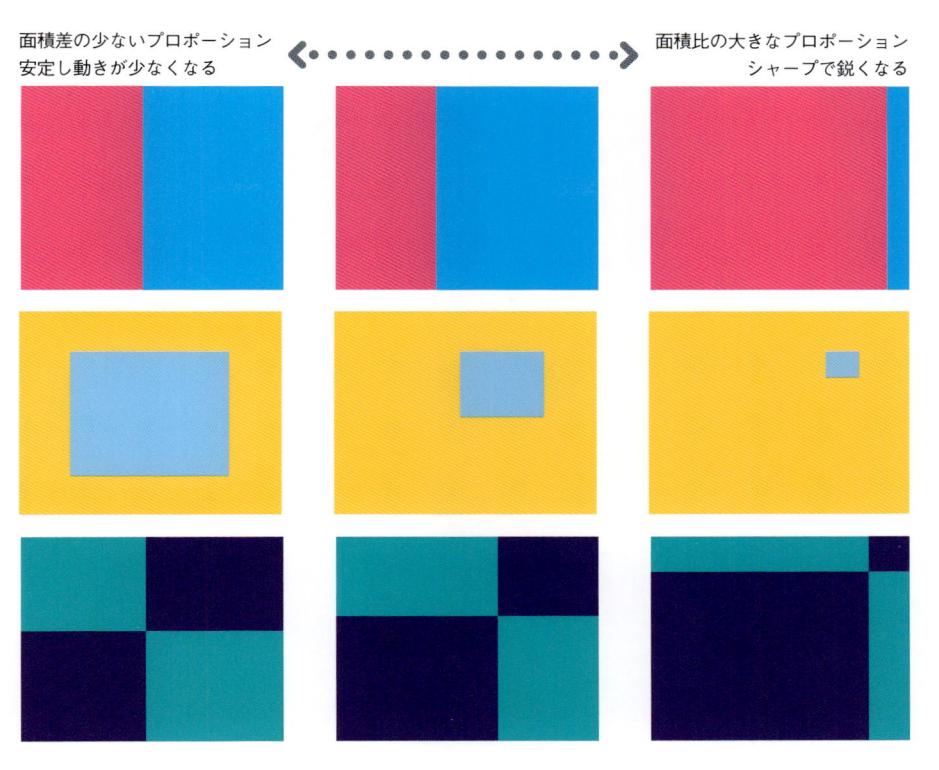

面積差の少ないプロポーション
安定し動きが少なくなる

面積比の大きなプロポーション
シャープで鋭くなる

### 人体のプロポーション

頭の大きさ1に対し、身体全体の割合が変わると印象がすっかり変わる（イラスト：谷 朋）。

4頭身　　　2.7頭身　　　1.6頭身

# 8 色彩と生活
## 色の有効な使いかた

# 8 ファッション アイテム・分類

色彩と生活

- ファッション業界は、**繊維産業**、**アパレル産業**、**小売り産業**の3つに区分出来る。小売店には**百貨店**、**専門店**、**セレクトショップ**、**量販店**などがあり、こうした形式を業態という。
- ファッションアイテムを形態で分類すると**ファッション商品**と**ノンファッション商品**がある。
- ファッションの分類方法には、**着分け分類**、**感覚分類**、**デザイン分類**、**マテリアル分類**の4つがある。

ファッション業界は、**繊維産業**(テキスタイル)、**アパレル産業**、**小売り産業**の3つに大きく区分出来ます。ちなみに、小売店には百貨店、専門店、セレクトショップ、量販店などがあります。こうした売り方の形式を業態といいます。また、店舗では、商品をわかりやすく、魅力的に見せるためにビジュアルマーチャンダイジング(VMD)という効果的な視覚表現による演出計画が行われています。

テキスタイル → アパレル → 小売り
- デパート
- 専門店
- セレクトショップ
- 量販店
- など

**ファッションアイテム**を形態で分類すると、ファッション商品とノンファッション商品があります。

**ファッション商品**とは、流行や感性で買われる商品。大きく、アパレルとファッション雑貨があります。

**ノンファッション商品**とは、機能、用途で買われる流行に左右されない商品。作業服や学生服などの総称です。

衣服
- ノンファッション商品 — 学生服、作業服など…
- ファッション商品
  - アパレル
  - ファッション雑貨 — アクセサリー、帽子、バッグ、靴など

**アパレル** とは、本来、衣服全体のことを意味しますが、ここでは、和服以外の衣服のことです。

- アパレル
  - アウター
    - コート、ジャケット、ドレス、スーツなど
    - トップス（ブラウス、シャツ、セーターなど）
    - ボトムス（パンツ／スカートなど）
  - インナー
    - ランジェリー（女性専用肌着）
    - ファンデーション（ブラジャー、ガードル、ボディースーツなど）
    - アンダーウェア（肌着）
    - ナイティ（パジャマなど）

**ファッションの分類方法** には、衣服の種類（形態）といったアイテム別分類以外にも、**着分け分類**、**感覚分類**、**デザイン分類**、**マテリアル分類**の4つのファッション分類があります。

**着分け分類** は、**オケージョン**と**用途**で分類します。オケージョン分類とは、TPOのO（オケージョン：場面）を基準にしたもので、ソシアル（社交）、ビジネス（仕事）、プライベート（個人）の3つがあります。オケージョン分類をさらに細分化した用途分類では、ソシアルではフォーマルウェア、ビジネスではユニフォーム、プライベートではホームウェアなどがあります。

**感覚分類** は、**タイプ**、**イメージ**、**スタイル**で分類します。スタイルはフェミニン（女らしさ）、クラシック（伝統的な）、カジュアル（気軽な）、ナチュラル（自然な）などに分けられます。

**デザイン分類** は、**シルエット**や**ディテール**で分類します。シルエットとはAラインスカートのように外形の輪郭、ディテールはVネックセーターのように部分的なデザインでの分類です。

**マテリアル分類** は、**素材**や**加工方法**などによる分類です。素材は毛皮やニットなど、加工方法はプリントブラウス、形状記憶シャツなどです。

## 8 ファッション カラーコーディネート
**色彩と生活**

- **ファッションコーディネート**には、**マテリアル**、**シェイプ**、**スタイリング**の3つの要素がある。
- **ファッションタイプ**には、**フェミニン**、**クラシック**、**スポーティ**、**ナチュラル**がある。

**ファッションコーディネート** には、**マテリアル**（素材のカラー、柄、材質、加工）と**シェイプ**（ウェアのシルエットやデザイン）と**スタイリング**（スカートとジャケットの組み合わせやヘアメイク、アクセサリなど全体のコーディネート）の3つの要素があります。

**ファッションタイプ** には次の4つのスタイルがあり、カラーコーディネートを考えるヒントとなります。

### フェミニン
女らしさ、優しさ、柔らかさを感じさせるスタイル。パステルカラー、グレイッシュパステルカラーなど

### クラシック
伝統的、正統的なスタイル。ディープトーン、ダークトーン、濃い色、モノトーンなど

### スポーティ
スポーツ感覚のある、明るく、活発な印象を与えるスタイル。ビビッドカラー、白黒をプラスしたコントラストのある配色

### ナチュラル
自然をイメージするリラックスしたスタイル。自然をイメージさせるナチュラルカラーなど

**カラーコーディネート** の基本は、まず、全体の基本となるベースカラーを決め、次にそれと組み合わせるアソートカラーを組み合わせます。そして、演出効果を上げるために、目立つ色、対照的な色のアクセントカラーを小さく使います。

**ベースカラー** とは、全体のカラーコーディネートの基本となる色。

**アソートカラー** とは、ベースカラーの次に面積の大きな色で、ベースに組み合わせる色のこと。

**アクセントカラー** とは、全体のカラーコーディネートのアクセントになる色。使用面積は小さくしてベースカラーより目立つ色、対照的な色が効果的。

セパレーション
トップとボトムの間にはさむ色。無彩色や低彩度の色を使う

ベルトが代表的

**類似色相のカラーコーディネート**
色相に少し差をつける。まとまりやすい調和のとれたコーディネートが出来ます。

**対照色相・補色色相のカラーコーディネート**
派手な印象、強い印象をアピールしたいときに活用出来ます。印象が強いので色相の面積のバランスを考える必要があります。

**多色配色のカラーコーディネート**
プリント柄のコートとかボーダー柄のセーターといった、ひとつのアイテムにいろいろな色が使われることが多い。いろいろな色のアイテム、例えば、セーターは黄色、スカートは緑、ジャケットはピンクといったコーディネートをするのは難しいのです。

**同一トーンのカラーコーディネート**
トーンのイメージがそのまま伝わります。例えば、ペールトーンなら優しく、ダークトーンなら落ち着いて見えます。

**類似トーンのカラーコーディネート**
コントラストがわずかに生まれモダンな着こなしに見えます。ファッションでよく使われるテクニックです。

**対照トーンのカラーコーディネート**
カラーのメリハリが印象的です。明度差があるのでカラーコーディネートはしやすいです。

**モノトーンのカラーコーディネート**
都会的で落ち着いた印象です。シャープなイメージをつくりたいときには、最もコントラストが強い白黒の配色がよく使われます。

**同一色相の対照トーンのカラーコーディネート**
単調になりがちな同一色相をトーンの差で、まとまりがありながらメリハリの効いたものにします。

**対照色相の同一トーンのカラーコーディネート**
対照的な色相でもトーンをそろえることでイメージがまとまります。ビビッドトーンなら派手なイメージが表現出来ます。

**対照色相の対照トーンのカラーコーディネート**
トーンに変化をつけることでメリハリも生まれ、コーディネートがしやすくなります。

**コンプレックス・ハーモニーのカラーコーディネート**
うまく使うと個性的で、目新しい配色となるのでファッションでは使われることが多い配色です。

# 8 インテリア カラーコーディネート
**色彩と生活**

- 色の心理的・生理的影響を考慮することは快適な生活環境に必要である。
  温度感は色相が関係する。
  興奮する色・沈静する色は色相・彩度が関係する。
  色の重量感(軽い色、重い色)は明度が関係する。
  距離感(進出色・後退色)は色の三属性が関係する。
- インテリアの配色は同系色による「統一の調和」と、対照系配色の「変化の調和」の2つから考える。

**温度感** は部屋の使用目的や季節感を演出するために利用します。室内が暖色か寒色かで同じ温度でも体感温度には差が出ます。

寒色：冷たい印象 　暖色：暖かい印象

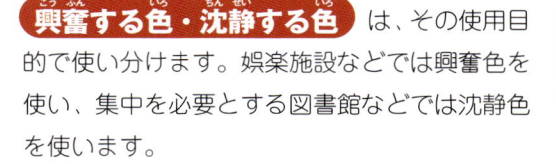

**興奮する色・沈静する色** は、その使用目的で使い分けます。娯楽施設などでは興奮色を使い、集中を必要とする図書館などでは沈静色を使います。

暖色・高彩度：落ち着かない 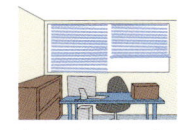　寒色・低彩度：沈静感がある

**色の重量感(軽い色・重い色)** は、部屋の配色などで利用されます。基本的に床、壁、天井の順に明度を上げると、安定感が生まれます。天井を暗い色にすると重苦しく、圧迫感を感じさせます。壁の一部を床より暗くすると部屋に動きが生まれます。

安定感がない 　安定感がある

**距離感(進出色・後退色)** は、部屋を広く感じさせたりするときに利用します。長い廊下の奥に進出色を使えば距離が短く感じられ、部屋の一面に後退色を使えば、部屋が広く感じられます。どちらも、一面だけに該当色を使うことが効果的です。

暖色・高明度・高彩度：進出感がある 　寒色・低明度・低彩度：後退感がある

| カラーコーディネーターの仕事 | インテリアの6要素 |
|---|---|
| ●部屋の使用目的、広さ、形態や空間のスタイル<br>●利用者のプロフィールやライフスタイル<br>●室内のイメージの方向性<br>●色彩イメージの方向性と配色<br>●素材・テクスチャーと仕上げ<br>●照明の方法<br>●他の部屋との調和<br>などを考えて計画する | ①人的要因：家族構成、年齢など<br>②環境的要因：立地条件、日照条件など<br>③建築的要因：<br>　構造、工法、空間配置など<br>④経済的要因：<br>　初期投資、ランニングコストなど<br>⑤機能的要因：間取り、住宅設備など<br>⑥感覚的要因：<br>　スタイル、色彩、素材など |

## 住宅インテリアの色彩

リビングルームには家族団らんでくつろげる色彩
ダイニングルームには食事がおいしく楽しめる色彩
プライベートルームには個人の好みが反映した色彩
ベッドルームには安眠のための落ち着ける色彩

## オフィスインテリアの色彩

作業効率の上がる色彩
疲労回復が出来る色彩
清潔でマナー向上につながる色彩
企業のイメージアップにつながる色彩

## 工場インテリアの色彩

視認性の向上による安全性の高い色彩
清潔でマナー向上につながる色彩
統一感、秩序が得られる色彩
作業効率の上がる色彩

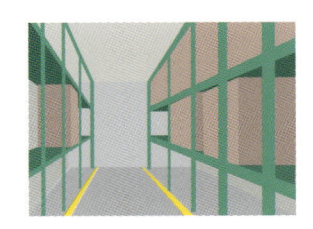

## 店舗インテリアの色彩

業態イメージが強調出来る色彩
ディスプレイが効果的に見える色彩
楽しく安心感のある色彩
顧客に満足感を与える個性的で印象深い色彩

# 8 色彩と生活
## 生活環境を豊かにする色彩

- 色彩は視覚の中の大切な要素です。役割は大別して**機能的効果**と**情緒的効果**があり、社会生活と密接に結びつき、歴史や文化、習慣とともにあり、様々な効果を発揮する。
- カラーコーディネーションは**空間**と**行為**に分けられる。空間には**ファッション**、**インテリア**、**エクステリア**、**まち並み**の色彩があり、行為には**プロダクト**、**メディア**の色彩がある。

### 生活環境を豊かにする色彩

私たちは5覚を通して情報を受け取り豊かな生活を送っています。5覚とは視覚、聴覚、触覚、嗅覚、味覚で、中でも視覚は大きなウエイトを占め、色彩は視覚の中の大切な要素です。色彩の役割は大別して機能的効果と情緒的効果があります。色彩は私たちの社会生活と密接に結びつき、歴史や文化、習慣とともにあり、様々な効果を発揮します。

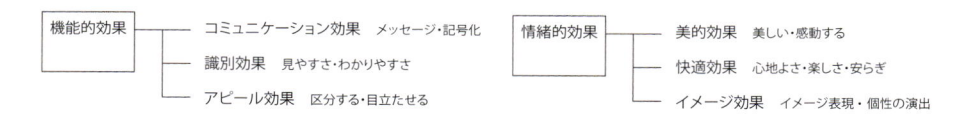

| 機能的効果 | |  | 情緒的効果 | | |
|---|---|---|---|---|---|
| | コミュニケーション効果 | メッセージ・記号化 | | 美的効果 | 美しい・感動する |
| | 識別効果 | 見やすさ・わかりやすさ | | 快適効果 | 心地よさ・楽しさ・安らぎ |
| | アピール効果 | 区分する・目立たせる | | イメージ効果 | イメージ表現・個性の演出 |

### 生活環境のカラーコーディネーション

カラーコーディネーションとは、色の取り合わせを計画することで、どこに、どの色を、どの位の量を用いるかの計画です。

カラーコーディネーションの目的は、色彩の持つ効果を生かした調和のとれた計画を立てることです。

カラーコーディネーションの分野には「空間」と「行為」があります。「空間」にはファッションやインテリア、エクステリア、公共空間があります。「行為」には道具をつくるプロダクトの色彩や、メディアの色彩があります。

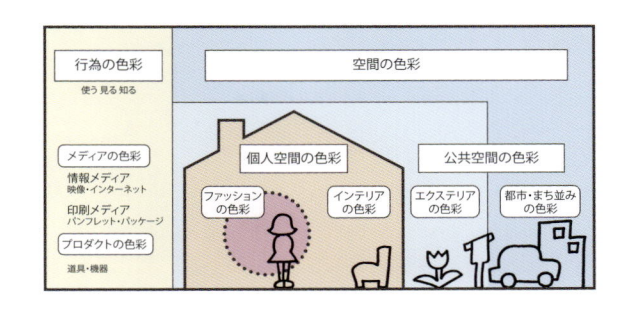

## ファッションの色彩

ファッションとは服装のことで、アクセサリーや化粧品までを指します。ファッションに求められる役割は美しく楽しいことであり、同時に個人のイメージ表現や個性の演出が大切です。ファッションは流行を敏感に反映します。機能性よりも個人のイメージ表現を重視し、流行を反映して短いサイクルで変化します。特に流行色は重要な要素であり商品の売れ行きを左右します。

## インテリアの色彩

インテリアとは建物の内部のことです。床や壁、天井、家具、照明などで構成された室内空間を指します。室内は個人的空間なので個人の好みや流行を反映しますが、ファッションのように短いサイクルの変化ではありません。カラーコーディネーションは空間の利用者の好みや利用目的に合わせて快適で過ごしやすい選択が大切です。

## エクステリアの色彩

エクステリアとは外部、外観のことです。敷地全体のインテリアを除いたすべてを指し、建物の外観や門、塀、庭のことです。インテリアは個人的な空間ですが、エクステリアには公共の空間に近い性質がある準公共の空間です。このため建物の外観は個人的な好みだけでなく、公共性が求められます。街並みにふさわしいカラーコーディネーションが必要です。

## 公共空間の色彩

エクステリアの外側の空間が公共空間です。まち並みや学校、病院、官公庁の建物、店舗や工場、橋、道路と広がります。広場にあるストリートファニチャーや街路灯も公共空間です。カラーコーディネーションは個人の好みではなく、建物や施設の目的に合わせて計画的に選択します。

# 色のはたらき

**1 環境：色は心地よくさせる**
私たちは新緑の風景に出合うと、さわやかで若々しい気持ちになり、夕焼けに出合うと気持ちが落ち着きます。

**2 伝達：色はイメージを伝える**
金色に輝く建築物は荘厳な気持ちにさせます。

**3 訴求：色はアピールする**
美しく飾った牛は、祭りの気分を盛り上げます。

**4 区別化：色は違いを区別する**
色を使い分けると、役割の違いがひとめでわかります。

**5 保護色・威嚇色：色は身を守る**
天敵に目立たない色、相手を威嚇する色があります。

**6 統一感：色は統一感を感じさせる**
色で統一すると、落ち着いた気持ちになります。

**7 象徴：色は中身をひとめで伝えます**
渋い緑色はお茶を象徴して、食べたい気持ちがわきます。

# 索引

## あ

アクセントカラー　102
アソートカラー　102
アパレル産業　114
アマクリン細胞　53
暗清色　12, 22
アンバランス　107
威嚇色　122
色あい　8
色の三属性　6
色の象徴性　87
色の同化　72
色の連想　87
色対比　66
色みの性質　8
色立体　14
エーレンシュタイン効果　77
S錐体　53
M錐体　53
L錐体　53
遠近効果　81
縁辺対比　71
黄斑　51

## か

回折　48
回転混色　61
拡散反射　46
角膜　50
可視光　42
加法混色　58, 60
加法混色の三原色　58, 60
カラーオーダシステム　15
寒色　85
杆体　50, 52, 53
慣用色名　30
基調色　102
基本色名　30
吸収　45
強調色　102
強膜　50
屈折　46
クラシック　116
グラデーション　105
グレイスケール　10, 20
蛍光ランプ　54, 55
継時加法混色　58, 60
継時対比　66
系統色名　30
顕色系　15
減法混色　58, 62
減法混色の三原色　58, 62
光源　42, 54
虹彩　50
高彩度　18
高彩度色　11
後退色　80, 84
高明度　18
高明度色　10
小売産業　114
固有色名　30
混色　72
混色系　15
コントラスト　109

123

## さ

彩度　6, 11
彩度対比　69
サチュレーション（Saturation）　18
散乱　49
視覚　42, 50
色陰現象　74
色彩体系　15
色相　6, 8
色相環　9
色相記号　16, 27
色相対比　67
色相の略記号　16
色相番号　16
色相名　16
色素上皮層　53
色調　22
色票　15
視細胞　52
視神経　50
視神経乳頭　50
自然光　54
収縮色　84
主観色　79
純色　11, 12, 18, 22
照明　54
照明光　54
神経節細胞　52, 53
人工光　54
進出色　80, 84
振幅　42
心理補色　16, 66
心理四原色　16
図　106
水銀ランプ　54, 55

水晶体　50
錐体　50, 52, 53
水平細胞　52, 53
スペクトル　44
スポーティ　116
清色　12
正反射　46
セパレーション　104
繊維産業　114
双極細胞　52, 53
側抑制　76

## た

対照色相配色　90, 96
対照トーン配色　98, 101
対比　72
太陽光　54, 55
濁色　12
多色配色　117
暖色　85
単色光　44
短波長　42
地　106
中間色　12, 22
昼光　54
中彩度　18
中彩度色　11
中差色相配色　90, 95
中心窩　52
中性色　85
中波長　42
中明度　18
中明度色　10
長波長　42
調和感　90

低彩度　18
低彩度色　11
低明度　18
低明度色　10
電磁波　42
同一色相配色　90, 92
同一トーン　99
同一トーン配色　99
統一の調和　119
透過　45, 46
同化効果　72
瞳孔　50
同時加法混色　58, 60
等色相面　14, 21
同時対比　66
透明視　78
トーン（Tone）　16, 22
トーン記号　26
トーンの略記号　26
トーン配色　98

## な

ナチュラル　116
ナノメートル（nm）　42
日本色研配色体系　16
ネオンカラー効果　78

## は

ハーマングリッド　76
配合色　102
白色光　44
白熱電球　54, 55
波長　42
バランス　107
ハレーション　70

反射　45
光　42
比　110
ヒュー（Hue）　16
ヒュートーンシステム　16
表色系　15
PCCS　16
フェミニン　116
複合光　44
物体　42
負の残像　66
プリズム　44
プロポーション　110
分光　44
分光反射率曲線　45
分光分布　45
併置加法混色　58, 60
ベースカラー　102
変化の調和　119
ベンハムトップ　79
膨張色　84
保護色　122
補色　17, 58
補色残像　17, 66
補色色相配色　90, 97
補色対比　70

## ま・や・ら

マッハバンド　76
脈絡膜　50
無彩色　6
明清色　12, 22
明度　6, 10
明度スケール　10
明度対比　68

面積効果　75
網膜　52
毛様体　50
毛様体筋　50
有彩色　6
ライトネス（Lightness）　18
リープマン効果　77
リズム　108
立体効果　80
リピティション　108
隣接色相配色　90, 93
類似色相配色　90, 94
類似トーン配色　98, 100
割合　110

# 色彩検定とは

■受験資格
制限はなし。何級からでも受験可能。

■試験日
3、2級は夏期、冬期の年2回（6月と11月）。1級は年1回冬期（11月）に実施。

■試験時間
3級：70分　2級：80分　1級：1次90分、2次90分

■合格ライン
各級満点の70％前後。問題の難易度により多少変動。

■併願受験について
1級と2級、2級と3級の併願は可。3つの級すべて、1級と3級の併願は出来ない。

■申込方法
A・F・Tに直接申し込む方法と特約書店で申し込む方法、パソコン・携帯電話でA・F・Tホームページより申し込む方法の3つがある。

■問い合わせ先
公益社団法人　色彩検定協会（A・F・T）
TEL　03-5510-3737、06-6397-0203（個人受験に関して）
TEL　06-6397-0203（団体受験に関して）
HPアドレス　http://www.aft.or.jp
HPアドレス（携帯電話サイト）　mobile.aft.or.jp
東京本部
　〒100-0011　東京都千代田区内幸町1-1-1　帝国ホテル本館6F
大阪本部
　〒532-0003　大阪府大阪市淀川区宮原3-4-30　ニッセイ新大阪ビル18F
ニューヨーク本部
　ニューヨーク市マジソン街295番

最新テキスト対応　やさしい色彩検定3級

| 発　行 | 平成23年（2011）6月15日　第1版 |
| --- | --- |
| | 平成24年（2012）7月7日　第3刷 |
| 著　者 | 視覚デザイン研究所・編集室 |
| 編集人 | 早坂優子 |
| 発行人 | 内田広由紀 |
| 発行所 | 株式会社視覚デザイン研究所 |
| | 〒101-0051 東京都千代田区神田神保町1-22北信ビル4F |
| | ＴＥＬ 03-5280-1067（代）ＦＡＸ 03-5280-1069 |
| | 振替／00120-0-39478 |
| 協　力 | 光村印刷株式会社 |
| 製　本 | 株式会社難波製本 |

ISBN978-4-88108-226-3 C2370